DARI KEGELAPAN MENUJU KEKUASAAN: 40 Hari untuk Melepaskan Diri dari Cengkeraman Kegelapan yang Tersembunyi

Sebuah Renungan Global tentang Kesadaran, Pembebasan & Kekuatan

Untuk Individu, Keluarga, dan Bangsa yang Siap Merdeka

Oleh

Zacharias Godseagle; Ambassador Monday O. Ogbe and Comfort Ladi Ogbe

Daftar Isi

Tentang Buku – DARI KEGELAPAN MENUJU KEKUASAAN 1
Teks Sampul Belakang 4
Promosi Media Satu Paragraf (Pers/Email/Iklan Blurb) 6
Dedikasi 8
Ucapan Terima Kasih 9
Kepada Pembaca 11
Cara Menggunakan Buku Ini 13
Kata pengantar 16
Kata pengantar 18
Perkenalan 20
BAB 1: ASAL USUL KERAJAAN GELAP 23
BAB 2: BAGAIMANA KERAJAAN GELAP BEROPERASI SAAT INI 26
BAB 3: TITIK MASUK – BAGAIMANA ORANG TERKEJUT 29
BAB 4: MANIFESTASI – DARI KEPEMILIKAN KE OBSESI 31
BAB 5: KUASA FIRMAN – OTORITAS ORANG PERCAYA 34
HARI 1: GARIS KETURUNAN & GERBANG — MEMUTUS RANTAI KELUARGA 37
HARI KE-2: INVASI MIMPI — KETIKA MALAM MENJADI MEDAN PERANG 40
HARI KE-3: PASANGAN SPIRITUAL — PERSATUAN TIDAK SUCI YANG MENGIKAT TAKDIR 43
HARI KE-4: OBJEK TERKUTUK – PINTU YANG MENGKOTORI 46
HARI KE-5: TERPESONA & TERKECOH — MELEPASKAN DIRI DARI ROH RAMALAN 49
HARI KE-6: GERBANG MATA – MENUTUP PORTAL KEGELAPAN 52
HARI KE-7: KEKUATAN DI BALIK NAMA — MENOLAK IDENTITAS YANG TIDAK SUCI 55
HARI KE-8: MENGUNGKAP CAHAYA PALSU — PERANGKAP NEW AGE DAN PENIPUAN MALAIKAT 58

HARI KE-9: ALTAR DARAH — PERJANJIAN YANG MENUNTUT KEHIDUPAN 61

HARI KE-10: KEMANDULAN & KERUSAKAN — KETIKA RAHIM MENJADI MEDAN PERANG 65

HARI KE-11: GANGGUAN AUTOIMUN & KELELAHAN KRONIS — PERANG TAK TERLIHAT DI DALAM 69

HARI KE-12: EPILEPSI & SIKSAAN MENTAL — KETIKA PIKIRAN MENJADI MEDAN PERANG 73

HARI KE-13: ROH TAKUT — MEMATAHKAN KANDANG SIKSAAN TAK TERLIHAT 76

HARI KE-14: TANDA-TANDA SETAN — MENGHAPUS MEREK YANG TIDAK SUCI 79

HARI KE-15: ALAM CERMIN — MELARIKAN DIRI DARI PENJARA REFLEKSI 82

HARI KE-16: MEMUTUSKAN IKATAN KUTUKAN KATA-KATA — MEMPEROLEH KEMBALI NAMAMU, MASA DEPANMU 86

HARI KE-17: BEBAS DARI KONTROL & MANIPULASI 90

HARI KE-18: MEMATAHKAN KEKUATAN KETIDAKAMPUNAN DAN KEPAHITAN 94

HARI KE-19: PENYEMBUHAN DARI RASA MALU DAN PENGHUKUMAN 98

HARI KE-20: SIHIR RUMAH TANGGA — KETIKA KEGELAPAN TINGGAL DI BAWAH ATAP YANG SAMA 103

HARI KE-21: ROH IZEBEL — RAYUAN, KONTROL, DAN MANIPULASI AGAMA 107

HARI KE-22: PITON DAN DOA — MEMATAHKAN SEMANGAT PENGEKATAN 111

HARI KE-23: TAHTA KEJAHATAN — MERUNTUHKAN BENTENG-BENTENG WILAYAH 114

HARI KE-24: FRAGMEN JIWA — KETIKA SEBAGIAN DIRIMU HILANG 117

HARI KE-25: KUTUKAN ANAK-ANAK ANEH — KETIKA TAKDIR DITUKAR SAAT LAHIR 120

HARI KE-26: ALTAR KEKUASAAN TERSEMBUNYI — MEMBEBASKAN DIRI DARI PERJANJIAN OKULTIS ELIT 124

HARI KE-27: ALIANSI YANG TIDAK SUCI — FREEMASONRY, ILLUMINATI & INFILTRASI SPIRITUAL 127

HARI KE-28: KABBALAH, JARINGAN ENERGI & DAYA Pikat "CAHAYA" MISTIK 131

HARI KE-29: TABIR ILLUMINATI — MENGUNGKAP JARINGAN OKULT ELIT 135

HARI KE-30: SEKOLAH MISTERI — RAHASIA KUNO, PERBUDAKAN MODERN 139

HARI KE-31: KABBALAH, GEOMETRI SUCI & PENIPUAN CAHAYA ELIT 143

HARI KE-3 2: ROH ULAR DI DALAM DIRI — KETIKA PEMBEBASAN DATANG TERLAMBAT 148

HARI KE-33: ROH ULAR DI DALAM DIRI — KETIKA PEMBEBASAN DATANG TERLAMBAT 153

HARI KE-34: MASON, KODE & KUTUKAN — Ketika Persaudaraan Menjadi Perbudakan 157

HARI KE-35: PENYIHIR DI BANGKU GEREJA — KETIKA KEJAHATAN MASUK MELALUI PINTU GEREJA 161

HARI KE-36: MANTRA BERKODE — KETIKA LAGU, MODE & FILM MENJADI PORTAL 165

HARI KE-37: ALTAR KEKUASAAN YANG TAK TERLIHAT — FREEMASON, KABBALAH, & ELIT OKULT 169

HARI KE-38: PERJANJIAN RAHIM & KERAJAAN AIR — KETIKA TAKDIR DIKOTORKAN SEBELUM LAHIR 173

HARI KE-39: DIBAPTIS DENGAN AIR KE DALAM PERBUDAKAN — BAGAIMANA BAYI, INISIAL & PERJANJIAN YANG TAK TERLIHAT MEMBUKA PINTU 178

HARI KE-40: DARI YANG DIBERIKAN MENJADI YANG MEMBERIKAN — RASA SAKITMU ADALAH TAKDIRMU 182

DEKLARASI HARIAN 360° TENTANG PEMBEBASAN & KUASA – Bagian 1 185

DEKLARASI HARIAN 360° TENTANG PEMBEBASAN & KUASA – Bagian 2 187

DEKLARASI HARIAN 360° TENTANG PEMBEBASAN & KUASA - Bagian 3 191

KESIMPULAN: DARI BERTAHAN HIDUP SAMPAI MENJADI ANAK — TETAP BEBAS, HIDUP BEBAS, MEMBEBASKAN ORANG LAIN 195
    Cara Dilahirkan Kembali dan Memulai Hidup Baru bersama Kristus... 198
    Momen Keselamatan Saya 201
    Sertifikat Hidup Baru di dalam Kristus 202
    BERHUBUNG DENGAN GOD'S EAGLE MINISTRIES 204
    BUKU & SUMBER DAYA YANG DIREKOMENDASIKAN 206
    LAMPIRAN 1: Doa untuk Membedakan Sihir Tersembunyi, Praktik Ilmu Gaib, atau Altar Aneh di Gereja 220
    LAMPIRAN 2: Protokol Penolakan dan Pembersihan Media 221
    LAMPIRAN 3: Naskah Freemasonry, Kabbalah, Kundalini, Sihir, dan Penolakan Okultisme 222
    LAMPIRAN 4: Panduan Aktivasi Minyak Urapan 223
    LAMPIRAN 6: Sumber Daya Video dengan Kesaksian untuk pertumbuhan rohani 225
    PERINGATAN TERAKHIR: Anda Tidak Dapat Bermain Dengan Ini 226

Halaman hak cipta

DARI KEGELAPAN MENUJU KEKUASAAN: 40 Hari untuk Melepaskan Diri dari Cengkeraman Kegelapan yang Tersembunyi – Renungan Global tentang Kesadaran, Pembebasan & Kekuatan

Oleh Zacharias Godseagle , Comfort Ladi Ogbe & Duta Besar Senin O. Ogbe

Hak Cipta © 2025 oleh **Zacharias Godseagle dan God's Eagle Ministries – GEM.**

Seluruh hak cipta dilindungi undang-undang.

Tidak ada bagian dari publikasi ini yang boleh direproduksi, disimpan dalam sistem pengambilan, atau dikirimkan dalam bentuk apa pun atau dengan cara apa pun — elektronik, mekanis, fotokopi, rekaman, pemindaian, atau lainnya — tanpa izin tertulis sebelumnya dari penerbit, kecuali dalam kasus kutipan singkat yang terkandung dalam artikel atau ulasan kritis.

Buku ini merupakan karya nonfiksi dan fiksi renungan. Beberapa nama dan detail identitas telah diubah demi privasi jika diperlukan.

Kutipan Kitab Suci diambil dari:

- *Terjemahan Hidup Baru (BHN)* , © 1996, 2004, 2015 oleh Tyndale House Foundation. Digunakan dengan izin. Seluruh hak cipta dilindungi undang-undang.

Desain sampul oleh GEM TEAM
Tata letak interior oleh GEM TEAM
Diterbitkan oleh:
Zacharias Godseagle & God's Eagle Ministries – GEM
www.otakada.org [1]| ambassador@otakada.org
Edisi Pertama, 2025
Dicetak di Amerika Serikat

---

1. http://www.otakada.org

Tentang Buku – DARI KEGELAPAN MENUJU KEKUASAAN

DARI KEGELAPAN MENUJU KEKUASAAN: 40 Hari untuk Melepaskan Diri dari Cengkeraman Kegelapan yang Tersembunyi - *Renungan Global tentang Kesadaran, Pembebasan & Kekuatan - Untuk Individu, Keluarga, dan Bangsa yang Siap untuk Bebas* bukan sekedar renungan — ini adalah pertemuan pembebasan global selama 40 hari bagi **Presiden, Perdana Menteri, Pendeta, Pekerja Gereja, CEO, Orang Tua, Remaja, dan setiap orang percaya** yang menolak untuk hidup dalam kekalahan yang tenang.

Renungan 40 hari yang dahsyat ini membahas *peperangan rohani, pembebasan dari altar leluhur, pemutusan ikatan jiwa, penyingkapan ilmu gaib, dan kesaksian global dari para mantan penyihir, mantan pemuja setan*, dan mereka yang telah mengalahkan kuasa kegelapan.

Apakah Anda **memimpin suatu negara**, **menjadi pendeta di gereja**, **mengelola bisnis**, atau **berjuang demi keluarga Anda dalam doa**, buku ini akan menyingkapkan apa yang telah disembunyikan, menghadapi apa yang telah diabaikan, dan memberdayakan Anda untuk membebaskan diri.

Renungan Global 40 Hari tentang Kesadaran, Pembebasan & Kekuatan

Di dalam halaman ini, Anda akan menghadapi:

- Kutukan garis keturunan dan perjanjian leluhur
- Pasangan roh, roh laut, dan manipulasi astral
- Freemasonry, Kabbalah, kebangkitan kundalini, dan altar sihir
- Persembahan anak, inisiasi prenatal, dan pembawa setan
- Infiltrasi media, trauma seksual, dan fragmentasi jiwa
- Masyarakat rahasia, AI jahat, dan gerakan kebangkitan palsu

Setiap hari meliputi:
- *Kisah nyata atau pola global*
- *Wawasan berdasarkan Kitab Suci*
- *Aplikasi kelompok dan pribadi*
- *Doa pembebasan + jurnal refleksi*

Buku Ini Untuk Anda Jika Anda:

- Seorang **Presiden atau pembuat kebijakan** yang mencari kejelasan spiritual dan perlindungan bagi bangsanya
- Seorang **Pendeta, pendoa syafaat, atau pekerja gereja** yang berjuang melawan kekuatan tak terlihat yang menghambat pertumbuhan dan kemurnian
- Seorang **CEO atau pemimpin bisnis** yang menghadapi peperangan dan sabotase yang tidak dapat dijelaskan
- Seorang **remaja atau pelajar** yang terganggu oleh mimpi, siksaan, atau kejadian aneh
- Orang **Tua atau pengasuh** memperhatikan pola spiritual dalam garis keturunan Anda
- Seorang **pemimpin Kristen** yang lelah dengan siklus doa yang tak berujung namun tidak ada terobosan
- Atau hanya seorang **mukmin yang siap untuk beralih dari bertahan hidup menuju kekuasaan yang penuh kemenangan**

Mengapa Buku Ini?

Karena di masa ketika kegelapan mengenakan topeng cahaya, **pembebasan tak lagi menjadi pilihan**.

Dan **kekuasaan adalah milik mereka yang terinformasi, yang diperlengkapi, dan yang berserah diri**.

Ditulis oleh Zacharias Godseagle, Duta Besar Senin O. Ogbe, dan Comfort Ladi Ogbe, ini lebih dari sekadar pengajaran — ini adalah **seruan bangun global** bagi Gereja, keluarga, dan bangsa-bangsa untuk bangkit dan melawan — bukan dalam ketakutan, tetapi dalam **kebijaksanaan dan otoritas**.

Anda tidak bisa memuridkan apa yang belum Anda sampaikan. Dan Anda tidak bisa berjalan dalam kekuasaan sampai Anda terbebas dari cengkeraman kegelapan.

Putuskan siklusnya. Hadapi yang tersembunyi. Raih kembali takdirmu — satu hari demi satu hari.

Teks Sampul Belakang

DARI KEGELAPAN MENUJU KEKUASAAN
40 Hari untuk Melepaskan Diri dari Cengkeraman Kegelapan yang Tersembunyi

Sebuah Renungan Global tentang Kesadaran, Pembebasan & Kekuatan

Apakah Anda seorang **presiden**, seorang **pendeta**, seorang **orangtua**, atau seorang **percaya yang berdoa** —sangat menginginkan kebebasan dan terobosan yang kekal?

Ini bukan sekadar renungan. Ini adalah perjalanan global 40 hari melalui medan perang tak kasat mata yang terdiri dari **perjanjian leluhur, ikatan okultisme, roh laut, fragmentasi jiwa, infiltrasi media, dan banyak lagi**. Setiap hari mengungkapkan kesaksian nyata, manifestasi global, dan strategi pembebasan yang dapat ditindaklanjuti.

Anda akan mengungkap:

- Bagaimana gerbang spiritual dibuka—dan bagaimana cara menutupnya
- Akar tersembunyi dari penundaan, siksaan, dan perbudakan yang berulang
- Doa harian yang kuat, renungan, dan aplikasi kelompok
- Cara untuk mendapatkan **kekuasaan**, bukan hanya pembebasan

Dari **altar sihir** di Afrika hingga **penipuan zaman baru** di Amerika Utara... dari **perkumpulan rahasia** di Eropa hingga **perjanjian darah** di Amerika Latin— **buku ini mengungkap semuanya**.

DARKNESS TO DOMINION adalah peta jalan Anda menuju kebebasan, ditulis untuk **para pendeta, pemimpin, keluarga, remaja, profesional, CEO**, dan siapa pun yang lelah berputar-putar dalam peperangan tanpa kemenangan.

"Anda tidak bisa memuridkan apa yang belum Anda sampaikan. Dan Anda tidak bisa berjalan dalam kekuasaan sampai Anda terbebas dari cengkeraman kegelapan."

Promosi Media Satu Paragraf (Pers/Email/Iklan Blurb)

KEGELAPAN MENUJU KEKUASAAN: 40 Hari Membebaskan Diri dari Cengkeraman Kegelapan yang Tersembunyi adalah renungan global yang mengungkap bagaimana musuh menyusup ke dalam kehidupan, keluarga, dan bangsa melalui altar, garis keturunan, perkumpulan rahasia, ritual okultisme, dan kompromi sehari-hari. Dengan kisah-kisah dari setiap benua dan strategi pembebasan yang telah teruji, buku ini ditujukan bagi para presiden dan pendeta, CEO dan remaja, ibu rumah tangga dan pejuang rohani—siapa pun yang mendambakan kebebasan abadi. Buku ini bukan hanya untuk dibaca—melainkan untuk memutus rantai.

Tag yang Disarankan

- renungan pembebasan
- peperangan rohani
- kesaksian mantan okultisme
- doa dan puasa
- mematahkan kutukan generasi
- kebebasan dari kegelapan
- Otoritas spiritual Kristen
- roh laut
- penipuan kundalini
- perkumpulan rahasia terungkap
- pengiriman 40 hari

 # Tagar untuk Kampanye
#KegelapanMenujuKekuasaan
#RenunganPembebasan

#PutuskanRantai
#KebebasanMelaluiKristus
#KebangkitanGlobal
#PertempuranTersembunyiTerungkap
#BerdoaUntukBebas
#BukuPerangRohani
#DariGelapMenujuTerang
#OtoritasKerajaan
#TidakAdaLagiPerbudakan
#KesaksianEkstraOkultisme
#PeringatanKundalini
#SemangatLautTerungkap
#40HariKebebasan

Dedikasi

Bagi Dia yang memanggil kita keluar dari kegelapan kepada terang-Nya yang ajaib —

Yesus Kristus, Juruselamat kita, Pembawa Terang, dan Raja Kemuliaan.

Kepada setiap jiwa yang berseru dalam diam — terjebak oleh rantai tak kasat mata, dihantui oleh mimpi, tersiksa oleh suara-suara, dan berjuang melawan kegelapan di tempat yang tak seorang pun melihat — perjalanan ini adalah untuk Anda.

Kepada para **pendeta**, **pendoa syafaat**, dan **penjaga tembok**,

Kepada para **ibu** yang berdoa sepanjang malam, dan para **ayah** yang menolak untuk menyerah,

Kepada **anak laki-laki** yang melihat terlalu banyak, dan **anak perempuan** yang ditandai oleh kejahatan terlalu dini,

Kepada para **CEO**, **presiden**, dan **para pembuat keputusan** yang memikul beban tak terlihat di balik kekuasaan publik,

Kepada **pekerja gereja** yang berjuang dengan perbudakan rahasia, dan **pejuang rohani** yang berani melawan —

Inilah panggilanmu untuk bangkit.

Dan untuk para pemberani yang berbagi kisah mereka — terima kasih. Bekas lukamu kini telah membebaskan orang lain.

Semoga renungan ini menerangi jalan menembus bayang-bayang dan menuntun banyak orang menuju kekuasaan, penyembuhan, dan api suci.

Engkau tidak dilupakan. Engkau tidak tak berdaya. Engkau dilahirkan untuk kebebasan.

— *Zacharias Godseagle, Duta Besar Monday O. Ogbe & Comfort Ladi Ogbe*

Ucapan Terima Kasih

Pertama-tama, kami memuji **Tuhan Yang Mahakuasa — Bapa, Putra, dan Roh Kudus**, Sumber Terang dan Kebenaran, yang telah membuka mata kami terhadap pertempuran tak kasat mata di balik pintu, tabir, mimbar, dan mimbar yang tertutup. Kepada Yesus Kristus, Juruselamat dan Raja kami, kami berikan segala kemuliaan.

Kepada para pria dan wanita pemberani di seluruh dunia yang berbagi kisah penderitaan, kemenangan, dan transformasi mereka — keberanian Anda telah memicu gelombang kebebasan global. Terima kasih telah memecah kesunyian.

Kepada para pelayan dan penjaga di tembok yang telah bekerja keras di tempat-tempat tersembunyi — mengajar, bersyafaat, membebaskan, dan mencermati — kami menghormati kegigihan kalian. Ketaatan kalian terus meruntuhkan benteng-benteng dan menyingkap tipu daya di tempat-tempat tinggi.

Kepada keluarga kami, mitra doa, dan tim pendukung yang berdiri bersama kami saat kami menggali puing-puing spiritual untuk mengungkap kebenaran — terima kasih atas iman dan kesabaran Anda yang tak tergoyahkan.

Kepada para peneliti, testimoni di YouTube, pengungkap rahasia, dan pejuang kerajaan yang menyingkap kegelapan melalui platform mereka — keberanian Anda telah memberi wawasan, pencerahan, dan urgensi pada karya ini.

Kepada **Tubuh Kristus** : buku ini juga milikmu. Semoga buku ini membangkitkan tekad suci dalam dirimu untuk selalu waspada, bijaksana, dan tak kenal takut. Kami menulis bukan sebagai ahli, melainkan sebagai saksi. Kami berdiri bukan sebagai hakim, melainkan sebagai orang-orang yang ditebus.

Dan akhirnya, kepada para **pembaca renungan ini** — para pencari, pejuang, pendeta, pelayan pembebasan, orang yang selamat, dan pecinta kebenaran dari setiap bangsa — semoga setiap halamannya memberi Anda kekuatan untuk bergerak **Dari kegelapan menuju kekuasaan**.
— **Zacharias Godseagle**
— **Duta Besar Monday O. Ogbe**
— **Comfort Ladi Ogbe**

Kepada Pembaca

Ini bukan sekadar buku. Ini sebuah panggilan.

Sebuah panggilan untuk mengungkap apa yang telah lama tersembunyi — untuk menghadapi kekuatan tak kasat mata yang membentuk generasi, sistem, dan jiwa. Baik Anda seorang **pencari muda**, seorang **pendeta yang lelah karena pertempuran yang tak terbayangkan**, seorang **pemimpin bisnis yang berjuang melawan teror malam**, atau seorang **kepala negara yang menghadapi kegelapan nasional yang tak henti-hentinya**, renungan ini adalah panduan Anda **untuk keluar dari bayang-bayang**.

Kepada **individu** : Anda tidak gila. Apa yang Anda rasakan—dalam mimpi, atmosfer, garis keturunan Anda—mungkin memang spiritual. Tuhan bukan sekadar penyembuh; Dia adalah penyelamat.

Kepada **keluarga** : Perjalanan 40 hari ini akan membantu Anda mengidentifikasi pola yang telah lama menyiksa garis keturunan Anda — kecanduan, kematian sebelum waktunya, perceraian, kemandulan, siksaan mental, kemiskinan mendadak — dan menyediakan alat untuk menghentikannya.

Kepada **para pemimpin gereja dan pendeta** : Semoga ini membangkitkan ketajaman dan keberanian yang lebih dalam untuk menghadapi alam roh dari mimbar, bukan hanya dari podium. Pembebasan bukanlah pilihan. Itu adalah bagian dari Amanat Agung.

Kepada **para CEO, wirausahawan, dan profesional** : Perjanjian rohani juga berlaku di ruang rapat. Persembahkan bisnis Anda kepada Tuhan. Runtuhkan altar leluhur yang disamarkan sebagai keberuntungan bisnis, perjanjian darah, atau dukungan Freemason. Bangunlah dengan tangan yang bersih.

Kepada para **penjaga dan pendoa syafaat** : Kewaspadaan kalian tidak sia-sia. Sumber daya ini adalah senjata di tangan kalian — untuk kota kalian, wilayah kalian, bangsa kalian.

Kepada **para Presiden dan Perdana Menteri**, jika tulisan ini sampai di meja Anda: Bangsa tidak hanya diatur oleh kebijakan. Bangsa diperintah oleh altar—yang didirikan secara rahasia atau terbuka. Hingga fondasi tersembunyi ini diatasi, perdamaian akan tetap sulit diraih. Semoga renungan ini menggerakkan Anda menuju reformasi generasi.

Kepada **pemuda atau pemudi** yang membaca ini di saat putus asa: Tuhan melihatmu. Dia memilihmu. Dan Dia menarikmu keluar — untuk selamanya.

Inilah perjalananmu. Sehari demi sehari. Serantai demi serantai.

Dari Kegelapan menuju Kekuasaan — inilah waktumu.

Cara Menggunakan Buku Ini

DARI KEGELAPAN MENUJU KEKUASAAN: 40 Hari untuk Membebaskan Diri dari Cengkeraman Kegelapan yang Tersembunyi lebih dari sekadar renungan — buku ini adalah panduan pembebasan, detoksifikasi rohani, dan kamp pelatihan peperangan. Baik Anda membaca sendiri, bersama kelompok, di gereja, atau sebagai pemimpin yang membimbing orang lain, berikut cara untuk memaksimalkan perjalanan 40 hari yang penuh kuasa ini:

Ritme Harian

Setiap hari mengikuti struktur yang konsisten untuk membantu Anda melibatkan roh, jiwa, dan tubuh:

- **Ajaran Renungan Utama** – Tema wahyu yang menyingkapkan kegelapan tersembunyi.
- **Konteks Global** – Bagaimana benteng ini terwujud di seluruh dunia.
- **Kisah Nyata** – Pertemuan pembebasan sejati dari berbagai budaya.
- **Rencana Aksi** – Latihan spiritual pribadi, pelepasan, atau deklarasi.
- **Aplikasi Kelompok** – Untuk digunakan dalam kelompok kecil, keluarga, gereja, atau tim pembebasan.
- **Wawasan Utama** – Sebuah inti sari yang patut diingat dan didoakan.
- **Jurnal Refleksi** – Pertanyaan hati untuk memproses setiap kebenaran secara mendalam.
- **Doa Pembebasan** – Doa peperangan rohani yang ditujukan untuk menghancurkan benteng pertahanan.

Apa yang Anda Butuhkan

- **Alkitab** Anda

- Jurnal **atau buku catatan khusus**
- **Minyak urapan** (opsional tetapi ampuh saat berdoa)
- Kemauan untuk **berpuasa dan berdoa** sesuai dengan pimpinan Roh Kudus
- **Mitra akuntabilitas atau tim doa** untuk kasus yang lebih mendalam

Cara Penggunaan dengan Kelompok atau Gereja

- Bertemu **setiap hari atau setiap minggu** untuk membahas wawasan dan memimpin doa bersama.
- Dorong anggota untuk menyelesaikan **Jurnal Refleksi** sebelum sesi kelompok.
- Gunakan bagian **Aplikasi Grup** untuk memicu diskusi, pengakuan, atau momen pembebasan perusahaan.
- Tunjuk pemimpin yang terlatih untuk menangani manifestasi yang lebih intens.

Untuk Pendeta, Pemimpin, dan Pelayan Pembebasan

- Ajarkan topik harian dari mimbar atau di sekolah pelatihan pembebasan.
- Lengkapi tim Anda untuk menggunakan renungan ini sebagai panduan konseling.
- Sesuaikan bagian-bagian sesuai kebutuhan untuk pemetaan rohani, pertemuan kebangkitan, atau kegiatan doa kota.

Lampiran untuk Dijelajahi

Di akhir buku, Anda akan menemukan sumber daya bonus yang hebat, termasuk:

1. **Deklarasi Harian Pembebasan Total** – Ucapkan ini dengan lantang setiap pagi dan malam.
2. **Panduan Penolakan Media** – Detoksifikasi hidup Anda dari kontaminasi spiritual dalam hiburan.
3. **Doa untuk Membedakan Altar Tersembunyi di Gereja** – Untuk

para pendoa syafaat dan pekerja gereja.
4. **Naskah Freemasonry, Kabbalah, Kundalini & Penolakan Ilmu Gaib** – Doa pertobatan yang ampuh.
5. **Daftar Periksa Pembebasan Misa** – Gunakan dalam kebaktian penginjilan, persekutuan rumah, atau retret pribadi.
6. **Tautan Video Kesaksian**

Kata pengantar

Ada peperangan — tak terlihat, tak terucapkan, tetapi sangat nyata — yang berkecamuk dalam jiwa pria, wanita, anak-anak, keluarga, masyarakat, dan bangsa.

Buku ini lahir bukan dari teori, melainkan dari api. Dari ruang-ruang pembebasan yang meratap. Dari kesaksian-kesaksian yang dibisikkan dalam bayang-bayang dan diteriakkan dari atap-atap rumah. Dari kajian mendalam, syafaat global, dan rasa frustrasi yang kudus terhadap Kekristenan permukaan yang gagal mengatasi **akar-akar kegelapan** yang masih menjerat orang percaya.

Terlalu banyak orang telah datang kepada salib tetapi masih terbelenggu. Terlalu banyak pendeta yang mengkhotbahkan kebebasan sementara diam-diam disiksa oleh iblis hawa nafsu, ketakutan, atau perjanjian leluhur. Terlalu banyak keluarga yang terjebak dalam siklus—kemiskinan, penyimpangan, kecanduan, kemandulan, rasa malu—dan **tidak tahu mengapa**. Dan terlalu banyak gereja menghindari pembicaraan tentang iblis, ilmu sihir, altar darah, atau pembebasan karena "terlalu intens".

Namun Yesus tidak menghindari kegelapan — Dia **menghadapinya**.

Dia tidak mengabaikan setan — Dia **mengusir mereka**.

Dan Dia tidak mati hanya untuk mengampuni Anda — Dia mati untuk **membebaskan Anda**.

Renungan global 40 hari ini bukanlah studi Alkitab biasa. Ini adalah **ruang operasi rohani**. Sebuah jurnal kebebasan. Sebuah peta keluar dari neraka bagi mereka yang merasa terjebak antara keselamatan dan kebebasan sejati. Entah Anda seorang remaja yang terjerat pornografi, seorang Ibu Negara yang dihantui mimpi ular, seorang Perdana Menteri yang tersiksa oleh rasa bersalah leluhur, seorang nabi yang menyembunyikan ikatan rahasia, atau seorang anak yang terbangun dari mimpi setan — perjalanan ini untuk Anda.

Anda akan menemukan kisah-kisah dari seluruh dunia — Afrika, Asia, Eropa, Amerika Utara dan Selatan — yang semuanya menegaskan satu kebenaran: **iblis tidak pilih kasih**. Namun, Tuhan pun tidak. Dan apa yang telah Dia lakukan untuk orang lain, Dia dapat melakukannya untuk Anda.

Buku ini ditulis untuk:

- **Individu** yang mencari pembebasan pribadi
- **Keluarga** yang membutuhkan penyembuhan generasi
- **Pendeta** dan pekerja gereja yang membutuhkan perlengkapan
- **Para pemimpin bisnis** menghadapi peperangan rohani di tempat-tempat tinggi
- **Bangsa-bangsa** berseru akan kebangkitan sejati
- **Pemuda** yang tanpa sadar telah membuka pintu
- **Para pendeta pembebasan** yang membutuhkan struktur dan strategi
- Dan bahkan **mereka yang tidak percaya pada setan** — sampai mereka membaca kisah mereka sendiri di halaman ini

Anda akan diuji. Anda akan ditantang. Namun, jika Anda tetap di jalur, Anda juga akan **bertransformasi**.

Kau tak hanya akan bebas.

Kau akan **berjalan dalam kekuasaan**.

Mari kita mulai.

— *Zacharias Godseagle*, *Duta Besar Senin O. Ogbe*, dan *Comfort Ladi Ogbe*

Kata pengantar

Ada gejolak di bangsa-bangsa. Sebuah guncangan di alam roh. Dari mimbar hingga parlemen, ruang tamu hingga gereja-gereja bawah tanah, orang-orang di mana-mana tersadar akan kebenaran yang mengerikan: kita telah meremehkan jangkauan musuh — dan kita telah salah memahami otoritas yang kita miliki di dalam Kristus.

Dari Kegelapan Menuju Kekuasaan bukan sekadar renungan; melainkan seruan yang lantang. Sebuah panduan profetik. Sebuah penyelamat bagi mereka yang tersiksa, yang terbelenggu, dan orang percaya sejati yang bertanya-tanya, "Mengapa aku masih terbelenggu?"

Sebagai seseorang yang telah menyaksikan kebangunan rohani dan pembebasan di berbagai bangsa, saya tahu secara langsung bahwa Gereja tidak kekurangan pengetahuan — kita kekurangan **kesadaran rohani** , **keberanian** , dan **disiplin** . Karya ini menjembatani kesenjangan tersebut. Karya ini menyatukan kesaksian global, kebenaran yang menyentuh hati, tindakan praktis, dan kuasa salib ke dalam perjalanan 40 hari yang akan mengguncang debu kehidupan yang terbengkalai dan menyalakan api dalam diri mereka yang lelah.

Bagi pendeta yang berani menghadapi altar, bagi orang dewasa muda yang diam-diam berjuang melawan mimpi-mimpi jahat, bagi pemilik bisnis yang terjerat dalam perjanjian-perjanjian yang tak terlihat, dan bagi pemimpin yang mengetahui ada sesuatu yang *salah secara rohani* tetapi tidak dapat menyebutkannya — buku ini cocok untuk Anda.

Saya mendorong Anda untuk tidak membacanya secara pasif. Biarkan setiap halaman membangkitkan semangat Anda. Biarkan setiap cerita melahirkan peperangan. Biarkan setiap pernyataan melatih mulut Anda untuk berbicara dengan api. Dan setelah Anda menjalani 40 hari ini, jangan hanya merayakan kebebasan Anda — jadilah wadah bagi kebebasan orang lain.

Karena kekuasaan sejati bukan hanya lolos dari kegelapan...
Tetapi berbalik dan menyeret orang lain ke dalam cahaya.
Dalam Otoritas dan Kuasa Kristus,
Duta Besar Ogbe

Perkenalan

DARI KEGELAPAN MENUJU KEKUASAAN: 40 Hari untuk Bebas dari Cengkeraman Kegelapan yang Tersembunyi bukan sekadar renungan biasa—melainkan seruan untuk bangun secara global.

Di seluruh dunia—dari desa-desa terpencil hingga istana presiden, altar gereja hingga ruang rapat—pria dan wanita menyerukan kebebasan. Bukan sekadar keselamatan. **Pembebasan. Kejelasan. Terobosan. Keutuhan. Kedamaian. Kekuatan.**

Tapi inilah kenyataannya: Anda tidak bisa mengusir apa yang Anda toleransi. Anda tidak bisa membebaskan diri dari apa yang tidak Anda lihat. Buku ini adalah cahaya Anda dalam kegelapan itu.

Selama 40 hari, Anda akan menjalani ajaran, kisah, kesaksian, dan tindakan strategis yang menyingkapkan operasi kegelapan yang tersembunyi dan memberdayakan Anda untuk menang—roh, jiwa, dan tubuh.

Entah Anda seorang pendeta, CEO, misionaris, pendoa syafaat, remaja, ibu, atau kepala negara, isi buku ini akan menantang Anda. Bukan untuk mempermalukan Anda—melainkan untuk memerdekakan Anda dan mempersiapkan Anda untuk menuntun orang lain menuju kebebasan.

Ini adalah **renungan global tentang kesadaran, pembebasan, dan kekuatan** — yang berakar pada kitab suci, dipertajam oleh kisah kehidupan nyata, dan dibanjiri darah Yesus.

Cara Menggunakan Renungan Ini

1. **Mulailah dengan 5 Bab Fondasi.**
   Bab-bab ini meletakkan dasar-dasarnya. Jangan lewatkan. Bab-bab ini akan membantu Anda memahami arsitektur spiritual kegelapan dan otoritas yang telah Anda terima untuk bangkit melampauinya.

2. **Jalani Setiap Hari dengan Sengaja**
   Setiap entri harian mencakup tema fokus, manifestasi global, kisah

nyata, kitab suci, rencana tindakan, ide penerapan kelompok, wawasan utama, jurnal, dan doa yang ampuh.
3. **Tutup Setiap Hari dengan Deklarasi Harian 360°**
Ditemukan di akhir buku ini, deklarasi yang kuat ini dirancang untuk memperkuat kebebasan Anda dan melindungi gerbang spiritual Anda.
4. **Gunakan Sendiri atau dalam Kelompok**
Baik Anda mengalaminya secara individu atau dalam kelompok, persekutuan rumah, tim syafaat, atau pelayanan pelepasan—izinkan Roh Kudus membimbing langkah dan mempersonalisasi rencana pertempuran.
5. **Bersiaplah menghadapi pertentangan—dan**
perlawanan yang dahsyat akan datang. Namun, kebebasan pun akan datang. Pembebasan adalah sebuah proses, dan Yesus berkomitmen untuk menjalaninya bersama Anda.

BAB DASAR (Baca Sebelum Hari 1)

1. Asal Usul Kerajaan Kegelapan

Dari pemberontakan Lucifer hingga munculnya hierarki iblis dan roh-roh teritorial, bab ini menelusuri sejarah kegelapan dalam Alkitab dan spiritual. Memahami asal mulanya akan membantu Anda memahami cara kerjanya.

2. Bagaimana Kerajaan Kegelapan Beroperasi Saat Ini

Dari perjanjian dan pengorbanan darah hingga altar, roh laut, dan infiltrasi teknologi, bab ini mengungkap wajah modern roh kuno—termasuk bagaimana media, tren, dan bahkan agama dapat berfungsi sebagai kamuflase.

3. Titik Masuk: Bagaimana Orang Menjadi Ketagihan

Tak seorang pun terlahir dalam perbudakan secara kebetulan. Bab ini mengkaji pintu-pintu seperti trauma, altar leluhur, paparan ilmu sihir, ikatan jiwa, keingintahuan okultisme, Freemasonry, spiritualitas palsu, dan praktik budaya.

4. Manifestasi: Dari Kepemilikan menjadi Obsesi

Seperti apa rupa perbudakan? Dari mimpi buruk hingga penundaan pernikahan, infertilitas, kecanduan, amarah, dan bahkan "tawa suci", bab ini mengungkap bagaimana iblis menyamar sebagai masalah, anugerah, atau kepribadian.

5. Kuasa Firman: Otoritas Orang Percaya

Sebelum kita memulai peperangan 40 hari, Anda harus memahami hak-hak hukum Anda di dalam Kristus. Bab ini membekali Anda dengan hukum-hukum rohani, senjata peperangan, protokol Alkitab, dan bahasa pembebasan.

DORONGAN TERAKHIR SEBELUM ANDA MEMULAI

Tuhan tidak memanggilmu untuk *mengendalikan* kegelapan.

Dia memanggilmu untuk **menguasainya**.

Bukan dengan kekuatan, bukan dengan kuasa, melainkan dengan Roh-Nya.

Biarlah 40 hari ke depan ini lebih dari sekadar renungan.

Biarlah ini menjadi pemakaman bagi setiap altar yang pernah mengendalikanmu... dan penobatan menuju takdir yang telah Tuhan tetapkan untukmu.

Perjalanan kekuasaan Anda dimulai sekarang.

BAB 1: ASAL USUL KERAJAAN GELAP

"*Karena perjuangan kita bukanlah melawan darah dan daging, tetapi melawan pemerintah-pemerintah, melawan penguasa-penguasa, melawan penghulu-penghulu dunia yang gelap ini, melawan roh-roh jahat di udara.*" — Efesus 6:12

Jauh sebelum umat manusia melangkah ke panggung waktu, sebuah perang tak kasat mata pecah di surga. Ini bukan perang pedang atau senjata, melainkan pemberontakan—sebuah pengkhianatan tingkat tinggi terhadap kekudusan dan otoritas Allah Yang Mahatinggi. Alkitab menyingkapkan misteri ini melalui berbagai bagian yang mengisyaratkan kejatuhan salah satu malaikat Allah yang paling indah— **Lucifer**, yang bercahaya—yang berani meninggikan diri di atas takhta Allah (Yesaya 14:12-15, Yehezkiel 28:12-17).

Pemberontakan kosmik ini melahirkan **Kerajaan Kegelapan** — wilayah perlawanan dan penipuan spiritual, yang terdiri dari malaikat yang jatuh (sekarang iblis), kerajaan, dan kekuatan yang bersekutu melawan kehendak Tuhan dan umat Tuhan.

Kejatuhan dan Pembentukan Kegelapan

LUCIFER TIDAK SELALU jahat. Ia diciptakan sempurna dalam hikmat dan keindahan. Namun, kesombongan merasuki hatinya, dan kesombongan berubah menjadi pemberontakan. Ia menipu sepertiga malaikat surga untuk mengikutinya (Wahyu 12:4), dan mereka diusir dari surga. Kebencian mereka terhadap umat manusia berakar pada kecemburuan — karena umat manusia diciptakan menurut gambar Allah dan diberi kekuasaan.

Maka dimulailah perang antara **Kerajaan Cahaya** dan **Kerajaan Kegelapan** — konflik tak terlihat yang menyentuh setiap jiwa, setiap rumah, dan setiap bangsa.

Ekspresi Global Kerajaan Kegelapan

MESKIPUN TIDAK TERLIHAT, pengaruh kerajaan gelap ini tertanam dalam:

- **Tradisi budaya** (pemujaan leluhur, pengorbanan darah, perkumpulan rahasia)
- **Hiburan** (pesan bawah sadar, musik dan pertunjukan okultisme)
- **Tata kelola** (korupsi, perjanjian darah, sumpah)
- **Teknologi** (alat untuk kecanduan, kontrol, manipulasi pikiran)
- **Pendidikan** (humanisme, relativisme, pencerahan palsu)

Dari juju Afrika hingga mistisisme zaman baru Barat, dari pemujaan jin Timur Tengah hingga perdukunan Amerika Selatan, bentuknya berbeda tetapi **rohnya sama** — penipuan, dominasi, dan penghancuran.

Mengapa Buku Ini Penting Sekarang

TRIK TERBESAR SETAN adalah membuat orang percaya bahwa dia tidak ada — atau lebih buruk lagi, bahwa caranya tidak berbahaya.

Renungan ini adalah sebuah **panduan kecerdasan spiritual** — menyingkap tabir, menyingkap rencana jahatnya, dan memberdayakan orang-orang beriman di seluruh benua untuk:

- **Kenali** titik masuk
- **Menolak** perjanjian tersembunyi
- **Melawan** dengan otoritas
- **Pulihkan** apa yang dicuri

Anda Terlahir dalam Pertempuran

RENUNGAN INI BUKAN untuk mereka yang penakut. Anda dilahirkan di medan perang, bukan taman bermain. Namun kabar baiknya adalah: **Yesus telah memenangkan peperangan itu!**

"*Ia telah melucuti pemerintah-pemerintah dan penguasa-penguasa dan mempermalukan mereka di muka umum, dalam kemenangan-Nya atas mereka.*"
— Kolose 2:15

Anda bukan korban. Anda lebih dari sekadar pemenang melalui Kristus. Mari kita singkapkan kegelapan — dan melangkahlah dengan berani menuju terang.

Wawasan Utama

Asal mula kegelapan adalah kesombongan, pemberontakan, dan penolakan terhadap aturan Allah. Benih-benih yang sama ini masih bercokol di hati manusia dan sistem saat ini. Untuk memahami peperangan rohani, pertama-tama kita harus memahami bagaimana pemberontakan itu bermula.

Jurnal Refleksi

- Apakah saya menganggap peperangan rohani sebagai takhayul?
- Praktik budaya atau keluarga apa yang telah saya normalkan yang mungkin terkait dengan pemberontakan kuno?
- Apakah saya benar-benar memahami perang tempat saya dilahirkan?

Doa Pencerahan

Bapa Surgawi, singkapkanlah kepadaku akar-akar pemberontakan yang tersembunyi di sekitar dan di dalam diriku. Singkapkanlah kebohongan kegelapan yang mungkin telah kupeluk tanpa sadar. Biarkan kebenaran-Mu bersinar di setiap tempat yang remang-remang. Aku memilih Kerajaan Terang. Aku memilih untuk berjalan dalam kebenaran, kuasa, dan kebebasan. Dalam nama Yesus. Amin.

BAB 2: BAGAIMANA KERAJAAN GELAP BEROPERASI SAAT INI

"*Jangan sampai Iblis mendapat untung dari kita, sebab kita tahu tipu muslihatnya.*" — 2 Korintus 2:11

Kerajaan kegelapan tidak beroperasi secara sembarangan. Kerajaan ini merupakan infrastruktur spiritual yang terorganisir dengan baik dan berlapis-lapis, yang mencerminkan strategi militer. Tujuannya: menyusup, memanipulasi, mengendalikan, dan pada akhirnya menghancurkan. Sebagaimana Kerajaan Allah memiliki tingkatan dan tatanan (rasul, nabi, dll.), demikian pula kerajaan kegelapan — dengan pemerintah-pemerintah, penguasa-penguasa, penguasa-penguasa kegelapan, dan roh-roh jahat di tempat-tempat tinggi (Efesus 6:12).

Kerajaan Kegelapan bukanlah mitos. Ia bukan cerita rakyat atau takhayul agama. Ia adalah jaringan agen spiritual yang tak terlihat namun nyata yang memanipulasi sistem, manusia, dan bahkan gereja untuk memenuhi agenda Setan. Meskipun banyak yang membayangkan garpu rumput dan tanduk merah, operasi kerajaan ini yang sebenarnya jauh lebih halus, sistematis, dan menyeramkan.

1. Penipuan adalah Mata Uang Mereka

Musuh berdagang dusta. Dari Taman Eden (Kejadian 3) hingga filsafat masa kini, taktik Setan selalu berpusat pada menanamkan keraguan dalam Firman Tuhan. Saat ini, tipu daya muncul dalam bentuk:

- *Ajaran Zaman Baru yang disamarkan sebagai pencerahan*
- *Praktik okultisme yang disamarkan sebagai kebanggaan budaya*
- *Ilmu sihir diagungkan dalam musik, film, kartun, dan tren media sosial*

Orang-orang tanpa sadar berpartisipasi dalam ritual atau mengonsumsi media yang membuka pintu spiritual tanpa pembedaan.

2. Struktur Hirarki Kejahatan

Sama seperti Kerajaan Tuhan yang memiliki keteraturan, kerajaan gelap beroperasi di bawah hierarki yang ditentukan:

- **Kerajaan** – Roh teritorial yang memengaruhi bangsa dan pemerintahan
- **Kekuatan** – Agen yang menegakkan kejahatan melalui sistem iblis
- **Penguasa Kegelapan** – Koordinator kebutaan rohani, penyembahan berhala, agama palsu
- **Kejahatan Spiritual di Tempat Tinggi** – Entitas tingkat elit yang memengaruhi budaya, kekayaan, dan teknologi global

Tiap-tiap iblis mengkhususkan diri pada tugas-tugas tertentu — ketakutan, kecanduan, penyimpangan seksual, kebingungan, kesombongan, perpecahan.

3. Alat Pengendalian Budaya

Iblis tidak perlu lagi menampakkan diri secara fisik. Budaya kini yang melakukan pekerjaan berat. Strateginya saat ini meliputi:

- **Pesan Subliminal:** Musik, acara, iklan yang penuh dengan simbol tersembunyi dan pesan terbalik
- **Desensitisasi:** Paparan berulang terhadap dosa (kekerasan, ketelanjangan, kata-kata kotor) hingga menjadi "normal"
- **Teknik Pengendalian Pikiran:** Melalui hipnosis media, manipulasi emosi, dan algoritma adiktif

Ini bukan kebetulan. Ini adalah strategi yang dirancang untuk melemahkan keyakinan moral, menghancurkan keluarga, dan mendefinisikan ulang kebenaran.

4. Perjanjian Generasi dan Garis Keturunan

Melalui mimpi, ritual, persembahan, atau perjanjian leluhur, banyak orang tanpa sadar bersekutu dengan kegelapan. Setan memanfaatkan:

- Altar keluarga dan berhala leluhur

- Upacara penamaan untuk memanggil roh
- Dosa keluarga rahasia atau kutukan yang diturunkan

Hal ini membuka dasar hukum bagi penderitaan sampai perjanjian itu dipatahkan oleh darah Yesus.

5. Mukjizat Palsu, Nabi Palsu

Kerajaan Kegelapan mencintai agama — terutama jika agama itu tidak memiliki kebenaran dan kuasa. Nabi-nabi palsu, roh-roh penipu, dan mukjizat palsu menipu massa:

"Karena Iblis pun menyamar sebagai malaikat Terang." — 2 Korintus 11:14

Banyak orang saat ini mengikuti suara-suara yang menggelitik telinga mereka tetapi mengikat jiwa mereka.

Wawasan Utama

Iblis tidak selalu lantang — terkadang ia berbisik melalui kompromi. Taktik terhebat Kerajaan Kegelapan adalah meyakinkan orang-orang bahwa mereka bebas, sementara mereka secara halus diperbudak.

Jurnal Refleksi:

- Di mana Anda melihat operasi ini di komunitas atau negara Anda?
- Apakah ada pertunjukan, musik, aplikasi, atau ritual yang Anda anggap normal yang sebenarnya bisa menjadi alat manipulasi?

Doa Kesadaran & Pertobatan:

Tuhan Yesus, bukalah mataku untuk melihat operasi musuh. Singkapkan setiap kebohongan yang kupercayai. Ampunilah aku atas setiap pintu yang telah kubuka, sadar maupun tak sadar. Aku memutuskan hubungan dengan kegelapan dan memilih kebenaran-Mu, kuasa-Mu, dan kebebasan-Mu. Dalam nama Yesus. Amin.

BAB 3: TITIK MASUK – BAGAIMANA ORANG TERKEJUT

"*Jangan beri kesempatan kepada Iblis.*" — Efesus 4:27

Dalam setiap budaya, generasi, dan rumah, terdapat celah-celah tersembunyi—gerbang tempat kegelapan rohani masuk. Titik-titik masuk ini mungkin tampak tidak berbahaya pada awalnya: permainan masa kecil, ritual keluarga, buku, film, trauma yang belum terselesaikan. Namun, begitu terbuka, semua itu menjadi lahan legal bagi pengaruh iblis.

Titik Masuk Umum

1. **Perjanjian Garis Keturunan** – Sumpah leluhur, ritual, dan penyembahan berhala yang mewariskan akses kepada roh jahat.
2. **Paparan Awal terhadap Ilmu Gaib** – Seperti dalam kisah *Lourdes Valdivia* dari Bolivia, anak-anak yang terpapar ilmu sihir, spiritualisme, atau ritual ilmu gaib sering kali mengalami gangguan spiritual.
3. **Media & Musik** – Lagu dan film yang mengagungkan kegelapan, sensualitas, atau pemberontakan dapat secara halus mengundang pengaruh spiritual.
4. **Trauma dan Kekerasan** – Kekerasan seksual, trauma kekerasan, atau penolakan dapat membuat jiwa rentan terhadap roh-roh penindas.
5. **Dosa Seksual & Ikatan Jiwa** – Hubungan seksual terlarang sering kali menciptakan ikatan spiritual dan pemindahan roh.
6. **Zaman Baru & Agama Palsu** – Kristal, yoga, pemandu roh, horoskop, dan "sihir putih" adalah undangan terselubung.
7. **Kepahitan dan Ketidakmampuan Mengampuni** – Hal ini memberikan roh jahat hak yang sah untuk menyiksa (lihat Matius 18:34).

Sorotan Kesaksian Global: *Lourdes Valdivia (Bolivia)*

Di usianya yang baru 7 tahun, Lourdes diperkenalkan dengan ilmu sihir oleh ibunya, seorang okultis kawakan. Rumahnya dipenuhi simbol-simbol, tulang-tulang dari kuburan, dan buku-buku sihir. Ia mengalami proyeksi astral, suara-suara, dan siksaan sebelum akhirnya menemukan Yesus dan dibebaskan. Kisahnya hanyalah satu dari sekian banyak kisah — membuktikan bagaimana paparan dini dan pengaruh generasi membuka pintu menuju belenggu spiritual.

Referensi Greater Exploits:

Kisah-kisah tentang bagaimana orang-orang tanpa sadar membuka pintu melalui aktivitas-aktivitas yang "tidak berbahaya" — hanya untuk terjebak dalam kegelapan — dapat ditemukan di *Greater Exploits 14* dan *Delivered from the Power of Darkness*. (Lihat lampiran)

Wawasan Utama

Musuh jarang sekali menerobos masuk. Ia menunggu pintu dibuka paksa. Apa yang terasa polos, warisan, atau menghibur terkadang justru bisa menjadi gerbang yang dibutuhkan musuh.

Jurnal Refleksi

- Saat-saat apa dalam hidup saya yang mungkin menjadi titik masuk spiritual?
- Apakah ada tradisi atau objek "tidak berbahaya" yang perlu saya tinggalkan?
- Apakah saya perlu meninggalkan sesuatu dari masa lalu atau garis keturunan keluarga saya?

Doa Penolakan

Bapa, aku menutup setiap pintu yang mungkin telah kubuka bagi kegelapan, baik yang kubuka maupun yang telah dibukakan oleh leluhurku. Aku menolak semua perjanjian, ikatan jiwa, dan keterpaparan pada apa pun yang tidak kudus. Aku memutuskan setiap rantai dengan darah Yesus. Aku menyatakan tubuh, jiwa, dan rohku hanya milik Kristus. Dalam nama Yesus. Amin.

BAB 4: MANIFESTASI – DARI KEPEMILIKAN KE OBSESI

"*Ketika roh jahat keluar dari seseorang, ia menjelajahi tempat-tempat yang gersang untuk mencari tempat peristirahatan, tetapi tidak menemukannya. Lalu ia berkata, 'Aku akan kembali ke rumah yang telah kutinggalkan.'*" — Matius 12:43

Begitu seseorang berada di bawah pengaruh kerajaan gelap, manifestasinya bervariasi berdasarkan tingkat akses iblis yang diberikan. Musuh spiritual tidak puas hanya dengan kunjungan — tujuan utamanya adalah hunian dan dominasi.

Tingkatan Manifestasi

1. **Pengaruh** – Musuh memperoleh pengaruh melalui pikiran, emosi, dan keputusan.
2. **Penindasan** – Ada tekanan eksternal, beban, kebingungan, dan siksaan.
3. **Obsesi** – Orang tersebut menjadi terpaku pada pikiran-pikiran gelap atau perilaku kompulsif.
4. **Kerasukan** – Dalam beberapa kasus yang jarang terjadi namun nyata, setan berdiam dan menguasai keinginan, suara, atau tubuh seseorang.

Derajat manifestasinya sering dihubungkan dengan kedalaman kompromi spiritual.

Studi Kasus Global Manifestasi

- **Afrika:** Kasus suami/istri roh, kegilaan, perbudakan ritual.
- **Eropa:** Hipnosis zaman baru, proyeksi astral, dan fragmentasi pikiran.

- **Asia:** Ikatan jiwa leluhur, perangkap reinkarnasi, dan sumpah garis keturunan.
- **Amerika Selatan:** Shamanisme, pemandu roh, kecanduan pembacaan psikis.
- **Amerika Utara:** Sihir di media, horoskop "tidak berbahaya", gerbang zat.
- **Timur Tengah:** Pertemuan dengan jin, sumpah darah, dan ramalan palsu.

Setiap benua menampilkan penyamarannya yang unik dari sistem setan yang sama — dan orang yang percaya harus belajar cara mengenali tanda-tandanya.

Gejala Umum Aktivitas Setan

- Mimpi buruk yang berulang atau kelumpuhan tidur
- Suara atau siksaan mental
- Dosa kompulsif dan kemunduran yang berulang
- Penyakit yang tidak dapat dijelaskan, ketakutan, atau kemarahan
- Kekuatan atau pengetahuan supranatural
- Tiba-tiba merasa enggan terhadap hal-hal rohani

Wawasan Utama

Apa yang kita sebut masalah "mental", "emosional", atau "medis" terkadang bisa bersifat spiritual. Tidak selalu — tetapi cukup sering sehingga kebijaksanaan sangatlah penting.

Jurnal Refleksi

- Pernahkah saya memperhatikan pergumulan yang berulang-ulang yang tampaknya bersifat spiritual?
- Apakah ada pola penghancuran lintas generasi dalam keluarga saya?
- Media, musik, atau hubungan macam apa yang saya izinkan masuk ke dalam hidup saya?

Doa Penolakan

Tuhan Yesus, aku menolak setiap perjanjian tersembunyi, pintu terbuka, dan perjanjian yang tidak saleh dalam hidupku. Aku memutuskan hubungan dengan apa pun yang bukan dari-Mu — sadar atau tidak sadar. Aku mengundang api Roh Kudus untuk membakar habis setiap jejak kegelapan dalam hidupku. Bebaskanlah aku sepenuhnya. Dalam nama-Mu yang mahakuasa. Amin.

BAB 5: KUASA FIRMAN – OTORITAS ORANG PERCAYA

"Lihatlah, Aku memberikan kepadamu kuasa untuk menginjak ular dan kalajengking dan kuasa untuk menahan kekuatan musuh, sehingga tidak ada yang akan membahayakan kamu." — Lukas 10:19 (TB)

Banyak orang percaya hidup dalam ketakutan akan kegelapan karena mereka tidak memahami terang yang mereka bawa. Namun, Kitab Suci menyatakan bahwa Firman **Allah bukan hanya pedang (Efesus 6:17)** — melainkan api (Yeremia 23:29), palu, benih, dan kehidupan itu sendiri. Dalam pertempuran antara terang dan kegelapan, mereka yang mengenal dan mewartakan Firman tidak pernah menjadi korban.

Kekuatan Apa Ini?

Kuasa yang dimiliki orang percaya adalah **wewenang yang didelegasikan**. Seperti seorang polisi berlencana, kita berdiri bukan dengan kekuatan kita sendiri, melainkan dalam **nama Yesus** dan melalui Firman Tuhan. Ketika Yesus mengalahkan Setan di padang gurun, Dia tidak berteriak, menangis, atau panik — Dia hanya berkata: *"Ada tertulis."*

Inilah pola untuk semua peperangan rohani.

Mengapa Banyak Orang Kristen Tetap Kalah

1. **Ketidaktahuan** – Mereka tidak tahu apa yang dikatakan Firman tentang identitas mereka.
2. **Diam** – Mereka tidak mendeklarasikan Firman Tuhan atas situasi apa pun.
3. **Ketidakkonsistenan** – Mereka hidup dalam siklus dosa, yang mengikis kepercayaan dan akses.

Kemenangan bukanlah tentang berteriak lebih keras; tetapi tentang **percaya lebih dalam** dan **menyatakan dengan berani**.

Otoritas dalam Aksi – Kisah Global

- **Nigeria:** Seorang anak lelaki yang terjebak dalam aliran sesat terbebas ketika ibunya terus-menerus mengurapi kamarnya dan mengucapkan Mazmur 91 setiap malam.
- **Amerika Serikat:** Seorang mantan Wiccan meninggalkan ilmu sihir setelah seorang rekannya diam-diam membacakan kitab suci di tempat kerjanya setiap hari selama berbulan-bulan.
- **India:** Seorang beriman mendeklarasikan Yesaya 54:17 saat menghadapi serangan ilmu hitam terus-menerus — serangan itu berhenti, dan penyerangnya mengaku.
- **Brasil:** Seorang wanita menggunakan deklarasi harian Roma 8 untuk mengatasi pikiran bunuh dirinya dan mulai berjalan dalam kedamaian supernatural.

Firman itu hidup. Ia tidak membutuhkan kesempurnaan kita, hanya iman dan pengakuan kita.

Cara Menggunakan Kata dalam Peperangan

1. **Hafalkan ayat-ayat suci** yang berhubungan dengan identitas, kemenangan, dan perlindungan.
2. **Ucapkan Firman dengan lantang**, terutama selama serangan rohani.
3. **Gunakan dalam doa**, nyatakan janji-janji Tuhan atas situasi apa pun.
4. **Berpuasa + Berdoa** dengan Firman sebagai sauh Anda (Matius 17:21).

Kitab Suci Dasar untuk Peperangan

- *2 Korintus 10:3–5* – Meruntuhkan benteng-benteng
- *Yesaya 54:17* – Senjata apa pun yang ditempa tidak akan berhasil
- *Lukas 10:19* – Kuasa atas musuh
- *Mazmur 91* – Perlindungan Ilahi

- *Wahyu 12:11* – Dikalahkan oleh darah dan kesaksian

Wawasan Utama

Firman Tuhan di mulut Anda sama kuatnya dengan Firman di mulut Tuhan — jika diucapkan dengan iman.

Jurnal Refleksi

- Apakah saya mengetahui hak-hak rohani saya sebagai orang beriman?
- Ayat Alkitab mana yang sedang saya pegang teguh saat ini?
- Apakah saya membiarkan ketakutan dan ketidaktahuan membungkam otoritas saya?

Doa Pemberdayaan

Bapa, bukalah mataku terhadap otoritas yang kumiliki di dalam Kristus. Ajarilah aku untuk menggunakan Firman-Mu dengan keberanian dan iman. Di mana aku membiarkan rasa takut atau ketidaktahuan berkuasa, biarlah pewahyuan datang. Aku berdiri hari ini sebagai anak Allah, dipersenjatai dengan Pedang Roh. Aku akan menyampaikan Firman. Aku akan berdiri dalam kemenangan. Aku tidak akan takut pada musuh — karena lebih besar Dia yang ada di dalamku. Dalam nama Yesus. Amin.

HARI 1: GARIS KETURUNAN & GERBANG — MEMUTUS RANTAI KELUARGA

"*Ayah kami telah berdosa dan tidak ada lagi, dan kami menanggung hukuman mereka.*" — Ratapan 5:7

Anda mungkin diselamatkan, tetapi garis keturunan Anda masih memiliki sejarah — dan sampai perjanjian lama dilanggar, perjanjian tersebut terus berbicara.

Di setiap benua, terdapat altar tersembunyi, perjanjian leluhur, sumpah rahasia, dan kejahatan warisan yang tetap aktif hingga ditangani secara khusus. Apa yang dimulai dengan kakek buyut mungkin masih merenggut takdir anak-anak masa kini.

Ekspresi Global

- **Afrika** – Dewa keluarga, peramal, sihir turun-temurun, pengorbanan darah.
- **Asia** – Pemujaan leluhur, ikatan reinkarnasi, rantai karma.
- **Amerika Latin** – Santeria, altar kematian, sumpah darah perdukunan.
- **Eropa** – Freemasonry, akar pagan, pakta garis keturunan.
- **Amerika Utara** – Warisan zaman baru, garis keturunan masonik, objek okultisme.

Kutukan itu terus berlanjut hingga seseorang bangkit dan berkata, "Cukup!"

Kesaksian yang Lebih Dalam – Penyembuhan dari Akarnya

Seorang perempuan dari Afrika Barat, setelah membaca *Greater Exploits 14*, menyadari bahwa keguguran kronis dan penderitaan yang tak terjelaskan yang dialaminya berkaitan dengan posisi kakeknya sebagai pendeta kuil. Ia telah menerima Kristus bertahun-tahun yang lalu, tetapi tidak pernah menaati perjanjian keluarga.

Setelah tiga hari berdoa dan berpuasa, ia dituntun untuk menghancurkan beberapa pusaka dan membatalkan perjanjian dengan menggunakan Galatia 3:13. Pada bulan yang sama, ia mengandung dan mengandung seorang anak yang cukup bulan. Kini, ia memimpin orang lain dalam pelayanan penyembuhan dan pembebasan.

Seorang pria lain di Amerika Latin, dari buku *Delivered from the Power of Darkness*, menemukan kebebasan setelah melepaskan kutukan Freemasonry yang diam-diam diwariskan dari kakek buyutnya. Ketika ia mulai menerapkan ayat-ayat suci seperti Yesaya 49:24-26 dan berdoa untuk pembebasan, penderitaan mentalnya berhenti dan kedamaian kembali menyelimuti rumahnya.

Kisah-kisah ini bukan suatu kebetulan — ini adalah kesaksian kebenaran dalam tindakan.

Rencana Aksi – Inventarisasi Keluarga

1. Tuliskan semua kepercayaan, praktik, dan afiliasi keluarga yang diketahui — perkumpulan keagamaan, mistik, atau rahasia.
2. Mintalah kepada Tuhan agar diwahyukan rahasia-rahasia dan perjanjian-perjanjian yang tersembunyi.
3. Berdoalah untuk menghancurkan dan membuang benda apa pun yang terkait dengan penyembahan berhala atau praktik ilmu gaib.
4. Cepat seperti yang dipimpin dan gunakan ayat suci di bawah ini untuk memecahkan masalah hukum:
    - *Imamat 26:40–42*
    - *Yesaya 49:24–26*
    - *Galatia 3:13*

DISKUSI KELOMPOK & Aplikasi

- Praktik keluarga umum apa yang sering diabaikan karena dianggap

tidak berbahaya tetapi mungkin berbahaya secara spiritual?
- Mintalah anggota untuk berbagi secara anonim (jika diperlukan) mimpi, objek, atau siklus berulang dalam garis keturunan mereka.
- Doa bersama untuk pelepasan keduniawian — setiap orang dapat menyebutkan nama keluarga atau masalah yang ingin dilepaskan.

Peralatan Pelayanan: Bawalah minyak urapan. Tawarkan komuni. Pimpin kelompok dalam doa perjanjian penggantian — mempersembahkan setiap garis keluarga kepada Kristus.

Wawasan Utama

Dilahirkan kembali menyelamatkan jiwamu. Melanggar perjanjian keluarga menyelamatkan takdirmu.

Jurnal Refleksi

- Apa yang turun-temurun dalam keluargaku? Apa yang harus kuhentikan?
- Apakah ada barang, nama, atau tradisi di rumah saya yang perlu disingkirkan?
- Pintu-pintu apa yang dibuka oleh nenek moyang saya yang sekarang perlu saya tutup?

Doa Pembebasan

Tuhan Yesus, aku bersyukur atas darah-Mu yang berbicara lebih baik. Hari ini aku meninggalkan semua altar tersembunyi, perjanjian keluarga, dan ikatan warisan. Aku memutuskan rantai garis keturunanku dan menyatakan bahwa aku adalah ciptaan baru. Hidup, keluarga, dan takdirku kini hanya milik-Mu. Dalam nama Yesus. Amin.

HARI KE-2: INVASI MIMPI — KETIKA MALAM MENJADI MEDAN PERANG

"*Ketika semua orang tidur, datanglah musuhnya menabur benih lalang di antara gandum itu, lalu pergi.*" — Matius 13:25

Bagi banyak orang, peperangan rohani yang terbesar tidak terjadi saat terjaga — melainkan saat mereka tertidur.

Mimpi bukan sekadar aktivitas otak acak. Mimpi adalah portal spiritual tempat peringatan, serangan, perjanjian, dan takdir dipertukarkan. Musuh menggunakan tidur sebagai medan perang yang sunyi untuk menebar ketakutan, nafsu, kebingungan, dan penundaan — semuanya tanpa perlawanan karena kebanyakan orang tidak menyadari peperangan tersebut.

Ekspresi Global

- **Afrika** – Pasangan spiritual, ular, makan dalam mimpi, pesta topeng.
- **Asia** – Pertemuan leluhur, mimpi kematian, siksaan karma.
- **Amerika Latin** – Setan-setan kebinatangan, bayangan-bayangan, kelumpuhan tidur.
- **Amerika Utara** – Proyeksi astral, mimpi alien, tayangan ulang trauma.
- **Eropa** – Manifestasi Gotik, setan seks (incubus/succubus), fragmentasi jiwa.

Jika Setan dapat mengendalikan mimpimu, ia dapat memengaruhi takdirmu.

Kesaksian – Dari Teror Malam Menuju Kedamaian

Seorang perempuan muda dari Inggris mengirim email setelah membaca *Ex-Satanist: The James Exchange*. Ia bercerita bahwa selama bertahun-tahun, ia dihantui mimpi dikejar-kejar, digigit anjing, atau tidur dengan pria asing —

yang selalu diikuti oleh kemunduran dalam kehidupan nyata. Hubungannya gagal, kesempatan kerja lenyap, dan ia terus-menerus kelelahan.

Melalui puasa dan mempelajari ayat-ayat seperti Ayub 33:14-18, ia menemukan bahwa Tuhan sering berbicara melalui mimpi — tetapi begitu pula musuh. Ia mulai mengurapi kepalanya dengan minyak, menolak mimpi buruk dengan lantang saat bangun tidur, dan menulis jurnal mimpi. Perlahan-lahan, mimpinya menjadi lebih jelas dan damai. Kini, ia memimpin sebuah kelompok pendukung bagi para perempuan muda yang mengalami serangan mimpi.

Seorang pengusaha Nigeria, setelah mendengarkan kesaksian di YouTube, menyadari bahwa mimpinya disuguhi makanan setiap malam berkaitan dengan ilmu sihir. Setiap kali ia menerima makanan dalam mimpinya, bisnisnya selalu berantakan. Ia belajar untuk langsung menolak makanan tersebut dalam mimpi, berdoa dalam bahasa roh sebelum tidur, dan kini justru melihat strategi dan peringatan ilahi.

Rencana Aksi – Perkuat Jam Malam Anda

1. **Sebelum tidur:** Bacalah ayat Alkitab dengan lantang. Beribadah. Mengurapi kepalamu dengan minyak.
2. **Jurnal Mimpi:** Tuliskan setiap mimpi saat bangun tidur — baik atau buruk. Mintalah tafsir kepada Roh Kudus.
3. **Tolak & Tinggalkan:** Jika mimpi tersebut melibatkan aktivitas seksual, kerabat yang sudah meninggal, makan, atau perbudakan — tinggalkanlah segera dalam doa.
4. **Perang Kitab Suci:**
    - *Mazmur 4:8* — Tidur nyenyak
    - *Ayub 33:14–18* — Tuhan berbicara melalui mimpi
    - *Matius 13:25* — Musuh menabur lalang
    - *Yesaya 54:17* — Tidak ada senjata yang ditempa terhadapmu

Aplikasi Grup

- Bagikan mimpi-mimpi terkini secara anonim. Biarkan kelompok tersebut memahami pola dan maknanya.
- Ajarkan anggota cara menolak mimpi buruk secara lisan dan

- menyegel mimpi baik dalam doa.
- Deklarasi kelompok: "Kami melarang transaksi setan dalam mimpi kami, dalam nama Yesus!"

Peralatan Pelayanan:

- Bawalah kertas dan pena untuk mencatat mimpi.
- Menunjukkan cara mengurapi rumah dan tempat tidur.
- Persembahkan komuni sebagai meterai perjanjian untuk malam itu.

Wawasan Utama

Mimpi bisa menjadi gerbang menuju pertemuan ilahi atau jebakan iblis. Kebijaksanaan adalah kuncinya.

Jurnal Refleksi

- Mimpi macam apa yang selalu saya alami?
- Apakah saya meluangkan waktu untuk merenungkan impian saya?
- Apakah mimpiku memperingatkanku tentang sesuatu yang aku abaikan?

Doa Penjaga Malam

Bapa, kupersembahkan mimpi-mimpiku kepada-Mu. Jangan biarkan kuasa jahat merasuki tidurku. Aku menolak setiap perjanjian iblis, kenajisan seksual, atau manipulasi dalam mimpiku. Aku menerima kunjungan ilahi, bimbingan surgawi, dan perlindungan malaikat saat aku tidur. Semoga malam-malamku dipenuhi dengan kedamaian, wahyu, dan kuasa. Dalam nama Yesus, amin.

HARI KE-3: PASANGAN SPIRITUAL — PERSATUAN TIDAK SUCI YANG MENGIKAT TAKDIR

"*Karena yang menjadikan engkau adalah suamimu—Tuhan semesta alam adalah nama-Nya...*" — Yesaya 54:5

"*Mereka mengorbankan anak-anak lelaki dan anak-anak perempuan mereka kepada setan-setan.*" — Mazmur 106:37

Sementara banyak orang mendambakan terobosan dalam pernikahan, yang tidak mereka sadari adalah bahwa mereka sudah berada dalam **pernikahan rohani** — pernikahan yang tidak pernah mereka setujui.

Ini adalah **perjanjian yang dibentuk melalui mimpi, pelecehan, ritual berdarah, pornografi, sumpah leluhur, atau pemindahan setan** . Pasangan roh—incubus (laki-laki) atau succubus (perempuan)—mengambil alih hak hukum atas tubuh, keintiman, dan masa depan orang tersebut, yang seringkali menghalangi hubungan, menghancurkan rumah tangga, menyebabkan keguguran, dan memicu kecanduan.

Manifestasi Global

- **Afrika** – Roh laut (Mami Wata), istri/suami roh dari kerajaan air.
- **Asia** – Pernikahan surgawi, kutukan belahan jiwa karma, pasangan yang bereinkarnasi.
- **Eropa** – Serikat penyihir, pecinta setan dari akar Freemasonry atau Druid.
- **Amerika Latin** – Pernikahan Santeria, mantra cinta, "pernikahan roh" berbasis perjanjian.
- **Amerika Utara** – Portal spiritual yang dipengaruhi pornografi, roh seks zaman baru, penculikan alien sebagai manifestasi pertemuan dengan incubus.

Kisah Nyata — Perjuangan untuk Kebebasan Pernikahan
Tolu, Nigeria.

Tolu berusia 32 tahun dan masih lajang. Setiap kali ia bertunangan, pria itu tiba-tiba menghilang. Ia selalu bermimpi menikah dalam upacara yang rumit. Dalam *Greater Exploits 14*, ia menyadari bahwa kasusnya cocok dengan kesaksian yang dibagikan di sana. Ia menjalani puasa tiga hari dan doa peperangan malam di tengah malam, memutuskan ikatan jiwa dan mengusir roh laut yang merasukinya. Kini, ia telah menikah dan memberikan konseling kepada orang lain.

Lina, Filipina

Lina sering merasakan "kehadiran" yang menyertainya di malam hari. Ia mengira ia hanya berkhayal hingga memar mulai muncul di kaki dan pahanya tanpa penjelasan. Pendetanya menemukan pasangan rohani. Ia mengakui riwayat aborsi dan kecanduan pornografi, lalu menjalani pembebasan. Kini, ia membantu para perempuan muda mengidentifikasi pola serupa di komunitasnya.

Rencana Aksi – Melanggar Perjanjian

1. **Mengaku** dan bertobat atas dosa-dosa seksual, ikatan jiwa, paparan ilmu gaib, atau ritual leluhur.
2. **Tolak** semua pernikahan rohani dalam doa — dengan menyebutkan nama, jika diungkapkan.
3. **Puasa** selama 3 hari (atau sesuai arahan) dengan Yesaya 54 dan Mazmur 18 sebagai ayat utama.
4. **Hancurkan** tanda-tanda fisik: cincin, pakaian, atau hadiah yang terkait dengan mantan kekasih atau afiliasi okultisme.
5. **Nyatakan dengan lantang** :

Saya tidak menikah dengan roh apa pun. Saya terikat perjanjian dengan Yesus Kristus. Saya menolak setiap ikatan iblis dalam tubuh, jiwa, dan roh saya!

Alat Tulisan Suci

- Yesaya 54:4–8 – Allah sebagai Suamimu yang sejati
- Mazmur 18 – Memutuskan tali kematian
- 1 Korintus 6:15–20 – Tubuhmu adalah milik Tuhan

- Hosea 2:6–8 – Melanggar perjanjian yang tidak saleh

Aplikasi Grup

- Tanyakan kepada anggota kelompok: Pernahkah Anda bermimpi tentang pernikahan, berhubungan seks dengan orang asing, atau sosok bayangan di malam hari?
- Memimpin kelompok penolakan terhadap pasangan rohani.
- Berperan sebagai "pengadilan perceraian di surga" — setiap peserta mengajukan perceraian rohani di hadapan Tuhan dalam doa.
- Gunakan minyak urapan pada kepala, perut, dan kaki sebagai simbol pembersihan, reproduksi, dan gerakan.

Wawasan Utama

Pernikahan setan memang nyata. Namun, tidak ada persatuan rohani yang tak dapat dipatahkan oleh darah Yesus.

Jurnal Refleksi

- Apakah saya sering bermimpi tentang pernikahan atau seks?
- Apakah ada pola penolakan, penundaan, atau kegagalan dalam hidup saya?
- Apakah saya bersedia menyerahkan tubuh, seksualitas, dan masa depan saya sepenuhnya kepada Tuhan?

Doa Pembebasan

Bapa Surgawi, aku bertobat dari setiap dosa seksual, baik yang diketahui maupun tidak. Aku menolak dan meninggalkan setiap pasangan rohani, roh laut, atau pernikahan gaib yang merenggut nyawaku. Dengan kuasa dalam darah Yesus, aku memutuskan setiap perjanjian, benih impian, dan ikatan jiwa. Aku menyatakan bahwa akulah Mempelai Wanita Kristus, yang dipisahkan untuk kemuliaan-Nya. Aku berjalan bebas, dalam nama Yesus. Amin.

HARI KE-4: OBJEK TERKUTUK – PINTU YANG MENGKOTORI

"*Janganlah engkau membawa sesuatu yang kekejian ke dalam rumahmu, supaya engkau tidak kena kutuk seperti itu.*" — Ulangan 7:26

Entri Tersembunyi yang Banyak Diabaikan

Tidak semua harta hanyalah harta. Beberapa benda menyimpan sejarah. Yang lain menyimpan roh. Benda terkutuk bukan hanya berhala atau artefak — benda-benda itu bisa berupa buku, perhiasan, patung, simbol, hadiah, pakaian, atau bahkan pusaka warisan yang dulunya didedikasikan untuk kekuatan gelap. Apa yang ada di rak Anda, di pergelangan tangan Anda, di dinding Anda — bisa jadi merupakan pintu masuk siksaan dalam hidup Anda.

Pengamatan Global

- **Afrika** : Labu, jimat, dan gelang yang dikaitkan dengan dukun atau pemujaan leluhur.
- **Asia** : Jimat, patung zodiak, dan cenderamata kuil.
- **Amerika Latin** : Kalung Santeria, boneka, lilin dengan tulisan roh.
- **Amerika Utara** : Kartu tarot, papan Ouija, penangkap mimpi, kenang-kenangan horor.
- **Eropa** : Peninggalan pagan, buku-buku okultisme, aksesoris bertema penyihir.

Sepasang suami istri di Eropa tiba-tiba jatuh sakit dan mengalami tekanan batin setelah kembali dari liburan di Bali. Tanpa disadari, mereka telah membeli sebuah patung pahatan yang didedikasikan untuk dewa laut setempat. Setelah berdoa dan berkontemplasi, mereka memindahkan patung itu dan membakarnya. Kedamaian pun segera kembali.

Wanita lain dari kesaksian *Greater Exploits* melaporkan mimpi buruk yang tidak dapat dijelaskan, sampai terungkap bahwa kalung pemberian bibinya sebenarnya adalah alat pemantau spiritual yang disucikan di sebuah kuil.

Anda tidak hanya membersihkan rumah Anda secara fisik — Anda juga harus membersihkannya secara rohani.

Kesaksian: "Boneka yang Mengawasi Saya"

Lourdes Valdivia, yang kisahnya telah kita telusuri sebelumnya dari Amerika Selatan, pernah menerima sebuah boneka porselen dalam sebuah perayaan keluarga. Ibunya telah menguduskannya dalam sebuah ritual okultisme. Sejak malam boneka itu dibawa ke kamarnya, Lourdes mulai mendengar suara-suara, mengalami kelumpuhan tidur, dan melihat sosok-sosok di malam hari.

Baru setelah seorang teman Kristen berdoa bersamanya dan Roh Kudus menyingkapkan asal-usul boneka itu, ia berhasil menyingkirkannya. Seketika, kehadiran iblis itu pun pergi. Ini memulai kebangkitannya — dari penindasan menuju pembebasan.

Rencana Aksi – Audit Rumah & Jantung

1. **Berjalanlah melalui setiap ruangan** di rumah Anda dengan minyak urapan dan Firman.
2. **Mintalah Roh Kudus** untuk menyoroti benda atau karunia yang bukan dari Tuhan.
3. **Bakar atau buang** barang-barang yang berhubungan dengan ilmu gaib, penyembahan berhala, atau amoralitas.
4. **Tutup semua pintu** dengan ayat-ayat suci seperti:
    - *Ulangan 7:26*
    - *Kisah Para Rasul 19:19*
    - *2 Korintus 6:16–18*

Diskusi & Aktivasi Kelompok

- Bagikan barang atau hadiah apa pun yang pernah Anda miliki yang memiliki efek tidak biasa dalam hidup Anda.
- Buatlah "Daftar Periksa Pembersihan Rumah" bersama-sama.
- Tugaskan pasangan untuk berdoa melalui lingkungan rumah masing-

masing (dengan izin).
- Undanglah seorang pendeta pembebasan setempat untuk memimpin doa pembersihan rumah yang bersifat profetik.

Peralatan untuk Pelayanan: Minyak urapan, musik penyembahan, kantong sampah (untuk pembuangan yang sebenarnya), dan wadah tahan api untuk barang-barang yang akan dimusnahkan.

Wawasan Utama

Apa yang Anda izinkan masuk ke dalam ruang Anda dapat memberi wewenang kepada roh untuk masuk ke dalam hidup Anda.

Jurnal Refleksi

- Barang apa saja di rumah atau lemari pakaian saya yang memiliki asal usul spiritual yang tidak jelas?
- Apakah saya berpegang teguh pada sesuatu karena nilai sentimental yang kini harus saya lepaskan?
- Apakah saya siap menyucikan tempat saya bagi Roh Kudus?

Doa Pembersihan

Tuhan Yesus, aku mengundang Roh Kudus-Mu untuk menyingkapkan apa pun di rumahku yang bukan milik-Mu. Aku menolak setiap benda, hadiah, atau barang terkutuk yang terikat pada kegelapan. Aku menyatakan rumahku sebagai tanah suci. Biarlah damai dan kemurnian-Mu bersemayam di sini. Dalam nama Yesus. Amin.

HARI KE-5: TERPESONA & TERKECOH — MELEPASKAN DIRI DARI ROH RAMALAN

"Orang-orang ini adalah hamba-hamba Allah Yang Mahatinggi, yang memberitakan kepada kita jalan keselamatan." — *Kisah Para Rasul 16:17 (TB)*

"Tetapi Paulus, yang sangat kesal, berpaling dan berkata kepada roh itu, 'Demi nama Yesus Kristus, aku perintahkan engkau keluar dari perempuan ini.' Dan saat itu juga ia keluar." — *Kisah Para Rasul 16:18*

Ada garis tipis antara nubuat dan ramalan — dan banyak orang saat ini melewatinya tanpa menyadarinya.

Dari nabi-nabi YouTube yang meminta bayaran untuk "kata-kata pribadi", hingga pembaca tarot media sosial yang mengutip ayat-ayat suci, dunia telah menjadi pasar kebisingan rohani. Dan tragisnya, banyak orang percaya tanpa sadar minum dari sungai yang tercemar.

Roh **ramalan** meniru Roh Kudus. Ia menyanjung, merayu, memanipulasi emosi, dan menjerat korbannya dalam jaring kendali. Tujuannya? **Untuk menjerat, menipu, dan memperbudak secara rohani.**

Ekspresi Global Ramalan

- **Afrika** – Peramal, pendeta Ifá, medium roh air, penipuan kenabian.
- **Asia** – Pembaca telapak tangan, astrolog, peramal leluhur, "nabi" reinkarnasi.
- **Amerika Latin** – Nabi-nabi Santeria, pembuat jimat, orang suci dengan kekuatan gelap.
- **Eropa** – Kartu tarot, kewaskitaan, lingkaran medium, penyaluran New Age.
- **Amerika Utara** – Paranormal "Kristen", numerologi di gereja, kartu

malaikat, pemandu roh yang menyamar sebagai Roh Kudus.

Yang berbahaya bukan hanya apa yang mereka katakan — tetapi **semangat** di baliknya.

Kesaksian: Dari Clairvoyance ke Kristus

Seorang wanita Amerika bersaksi di YouTube bagaimana ia berubah dari seorang "nabiah Kristen" menjadi menyadari bahwa ia bekerja di bawah pengaruh roh ramalan. Ia mulai melihat penglihatan dengan jelas, menyampaikan firman nubuat yang terperinci, dan menarik banyak orang daring. Namun, ia juga berjuang melawan depresi, mimpi buruk, dan mendengar bisikan-bisikan setelah setiap sesi.

Suatu hari, saat menonton pengajaran tentang *Kisah Para Rasul 16*, ia menyadari bahwa ia tidak pernah berserah kepada Roh Kudus — hanya kepada karunia-Nya. Setelah pertobatan dan pembebasan yang mendalam, ia menghancurkan kartu-kartu malaikat dan jurnal puasanya yang penuh dengan ritual. Kini, ia memberitakan Yesus, bukan lagi "kata-kata".

Rencana Aksi – Menguji Semangat

1. Tanyakan: Apakah kata/karunia ini menarik saya kepada **Kristus**, atau kepada **orang** yang memberikannya?
2. Uji setiap roh dengan *1 Yohanes 4:1–3*.
3. Bertaubatlah atas segala keterlibatan dengan praktik-praktik cenayang, ilmu gaib, atau kenabian palsu.
4. Putuskan semua ikatan jiwa dengan nabi-nabi palsu, peramal, atau instruktur ilmu sihir (bahkan daring).
5. Nyatakan dengan berani:

"Aku menolak setiap roh dusta. Aku milik Yesus saja. Telingaku mendengarkan suara-Nya!"

Aplikasi Grup

- Diskusi: Pernahkah Anda mengikuti seorang nabi atau pembimbing spiritual yang kemudian ternyata palsu?
- Latihan Kelompok: Pimpin anggota untuk meninggalkan praktik tertentu seperti astrologi, pembacaan jiwa, permainan psikis, atau

pengaruh spiritual yang tidak berakar dalam Kristus.
- Undang Roh Kudus: Luangkan waktu 10 menit untuk berdiam diri dan mendengarkan. Kemudian, bagikan apa yang Tuhan ungkapkan—jika ada.
- Bakar atau hapus item digital/fisik yang terkait dengan ramalan, termasuk buku, aplikasi, video, atau catatan.

Peralatan Pelayanan:
Minyak pelepasan, salib (simbol penyerahan diri), tempat sampah/ember untuk membuang barang-barang simbolis, musik penyembahan yang berpusat pada Roh Kudus.

Wawasan Utama
Tidak semua hal supernatural berasal dari Tuhan. Nubuat sejati mengalir dari keintiman dengan Kristus, bukan manipulasi atau tontonan.

Jurnal Refleksi

- Pernahkah saya tertarik pada praktik spiritual psikis atau manipulatif?
- Apakah saya lebih kecanduan pada "kata-kata" daripada Firman Tuhan?
- Suara-suara apa yang telah saya akses yang sekarang perlu dibungkam?

DOA PEMBEBASAN

Bapa, aku tidak lagi setuju dengan setiap roh ramalan, manipulasi, dan nubuat palsu. Aku bertobat karena mencari bimbingan selain dari suara-Mu. Bersihkan pikiran, jiwa, dan rohku. Ajari aku untuk berjalan hanya dengan Roh-Mu. Aku menutup setiap pintu yang kubuka untuk okultisme, sadar maupun tidak. Aku menyatakan bahwa Yesus adalah Gembalaku, dan aku hanya mendengar suara-Nya. Dalam nama Yesus yang mahakuasa, Amin.

HARI KE-6: GERBANG MATA – MENUTUP PORTAL KEGELAPAN

"Mata adalah pelita tubuh. Jika matamu sehat, seluruh tubuhmu akan terang."
— *Matius 6:22 (NIV)*

"Aku tidak akan menaruh perkara yang jahat di depan mataku..." — *Mazmur 101:3 (KJV)*

Di alam spiritual, **mata Anda adalah gerbang.** Apa pun yang masuk melalui mata Anda memengaruhi jiwa Anda — untuk kemurnian atau pencemaran. Musuh mengetahui hal ini. Itulah sebabnya media, gambar, pornografi, film horor, simbol-simbol okultisme, tren mode, dan konten yang menggoda telah menjadi medan pertempuran.

Perang untuk mendapatkan perhatianmu adalah perang untuk jiwamu.

Apa yang dianggap banyak orang sebagai "hiburan yang tidak berbahaya" seringkali merupakan undangan tersirat — untuk hawa nafsu, ketakutan, manipulasi, kesombongan, keangkuhan, pemberontakan, atau bahkan keterikatan jahat.

Gerbang Global Kegelapan Visual

- **Afrika** – Film ritual, tema Nollywood yang menormalkan ilmu sihir dan poligami.
- **Asia** – Anime dan manga dengan portal spiritual, roh yang menggoda, perjalanan astral.
- **Eropa** – Mode gothic, film horor, obsesi vampir, seni setan.
- **Amerika Latin** – Telenovela yang mengagungkan sihir, kutukan, dan balas dendam.
- **Amerika Utara** – Media arus utama, video musik, pornografi, kartun setan yang "lucu".

Apa yang terus-menerus Anda tatap, akan membuat Anda tidak peka lagi.

Cerita: "Kartun yang Mengutuk Anakku"

Seorang ibu dari AS menyadari anaknya yang berusia 5 tahun mulai berteriak-teriak di malam hari dan menggambar hal-hal yang mengganggu. Setelah berdoa, Roh Kudus mengarahkannya ke sebuah kartun yang diam-diam ditonton putranya — kartun yang penuh dengan mantra, roh yang bisa berbicara, dan simbol-simbol yang tidak ia sadari.

Ia menghapus tayangan-tayangan itu dan membersihkan rumah serta layarnya. Setelah beberapa malam berdoa tengah malam dan membaca Mazmur 91, serangan-serangan itu berhenti, dan anak laki-laki itu mulai tidur nyenyak. Ia kini memimpin sebuah kelompok pendukung yang membantu orang tua menjaga gerbang visual anak-anak mereka.

Rencana Aksi – Pemurnian Gerbang Mata

1. Lakukan **audit media** : Apa yang Anda tonton? Baca? Gulir?
2. Batalkan langganan atau platform yang hanya mengutamakan dagingmu, bukan imanmu.
3. Urapi mata dan layar Anda, seperti yang dinyatakan dalam Mazmur 101:3.
4. Gantikan sampah dengan masukan yang saleh — dokumenter, ibadah, hiburan murni.
5. Menyatakan:

"Aku tidak akan menaruh hal-hal buruk di depan mataku. Visiku adalah milik Tuhan."

Aplikasi Grup

- Tantangan: Puasa Gerbang Mata 7 Hari — tidak ada media yang beracun, tidak ada penggulilan yang sia-sia.
- Bagikan: Konten apa yang Roh Kudus katakan untuk Anda hentikan tontonnya?
- Latihan: Letakkan tangan di mata Anda dan hindari segala pencemaran melalui penglihatan (misalnya pornografi, horor, kesombongan).
- Aktivitas: Ajak anggota untuk menghapus aplikasi, membakar buku,

atau membuang barang-barang yang merusak penglihatan mereka.

Peralatan: Minyak zaitun, aplikasi akuntabilitas, screensaver ayat suci, kartu doa gerbang mata.

Wawasan Utama

Anda tidak dapat berjalan dalam otoritas atas setan jika Anda dihibur oleh mereka.

Jurnal Refleksi

- Apa yang harus kuberikan pada mataku yang mungkin memberi makan kegelapan dalam hidupku?
- Kapan terakhir kali saya menangis atas sesuatu yang menyakiti hati Tuhan?
- Sudahkah saya memberikan Roh Kudus kendali penuh atas waktu saya di depan layar?

Doa Kemurnian

Tuhan Yesus, aku mohon darah-Mu membasuh mataku. Ampunilah aku atas hal-hal yang telah kuizinkan masuk melalui layar, buku, dan imajinasiku. Hari ini, aku nyatakan mataku untuk terang, bukan kegelapan. Aku menolak setiap gambaran, hawa nafsu, dan pengaruh yang bukan dari-Mu. Sucikan jiwaku. Jagalah pandanganku. Dan biarkan aku melihat apa yang Engkau lihat — dalam kekudusan dan kebenaran. Amin.

HARI KE-7: KEKUATAN DI BALIK NAMA — MENOLAK IDENTITAS YANG TIDAK SUCI

"Dan Yabes berseru kepada Allah Israel, katanya: 'Sekiranya Engkau memberkati aku seutuhnya...' Maka Allah mengabulkan permintaannya itu."
— *1 Tawarikh 4:10*

"Namamu bukan lagi Abram, melainkan Abraham..." — *Kejadian 17:5*

Nama bukan sekadar label — melainkan deklarasi spiritual. Dalam Kitab Suci, nama seringkali mencerminkan takdir, kepribadian, atau bahkan ikatan. Memberi nama sesuatu berarti memberinya identitas dan arah. Musuh memahami hal ini — itulah sebabnya banyak orang tanpa sadar terjebak di bawah nama yang diberikan dalam ketidaktahuan, penderitaan, atau ikatan spiritual.

Sama seperti Tuhan mengubah nama (Abram menjadi Abraham, Yakub menjadi Israel, Sarai menjadi Sarah), Dia masih mengubah takdir dengan mengganti nama umat-Nya.

Konteks Global Perbudakan Nama

- **Afrika** – Anak-anak yang diberi nama berdasarkan leluhur yang telah meninggal atau berhala ("Ogbanje," "Dike," " Ifunanya " dikaitkan dengan maknanya).
- **Asia** – Nama reinkarnasi dikaitkan dengan siklus karma atau dewa.
- **Eropa** – Nama-nama yang berakar pada warisan pagan atau sihir (misalnya, Freya, Thor, Merlin).
- **Amerika Latin** – Nama-nama yang dipengaruhi Santeria, terutama melalui baptisan rohani.
- **Amerika Utara** – Nama-nama yang diambil dari budaya pop,

gerakan pemberontakan, atau persembahan leluhur.

Nama itu penting — dan nama dapat membawa kekuatan, berkat, atau ikatan.

Cerita: "Mengapa Saya Harus Mengganti Nama Putri Saya"

Dalam *Greater Exploits 14* , sepasang suami istri Nigeria menamai putri mereka "Amaka," yang berarti "cantik," tetapi ia menderita penyakit langka yang membingungkan para dokter. Dalam sebuah konferensi profetik, sang ibu menerima wahyu: nama itu dulunya digunakan oleh neneknya, seorang dukun, yang rohnya kini merasuki anak itu.

Mereka mengganti namanya menjadi " Oluwatamilore " (Tuhan telah memberkati saya), diikuti dengan puasa dan doa. Anak itu pulih sepenuhnya.

Kasus lain dari India melibatkan seorang pria bernama "Karma", yang berjuang melawan kutukan turun-temurun. Setelah meninggalkan ikatan Hindu dan mengubah namanya menjadi "Jonathan", ia mulai mengalami terobosan dalam keuangan dan kesehatan.

Rencana Aksi – Menyelidiki Nama Anda

1. Telitilah arti lengkap nama Anda — nama depan, nama tengah, nama belakang.
2. Tanyakan kepada orang tua atau orang yang lebih tua mengapa Anda diberi nama-nama itu.
3. Menolak makna-makna spiritual negatif atau pengabdian dalam doa.
4. Nyatakan identitas ilahi Anda di dalam Kristus:

"Namaku disebut oleh Allah. Namaku yang baru tertulis di surga (Wahyu 2:17)."

KETERLIBATAN KELOMPOK

- Tanyakan kepada anggota: Apa arti nama Anda? Pernahkah Anda bermimpi tentangnya?
- Lakukan "doa penamaan" — secara profetik menyatakan identitas setiap orang.

- Letakkan tangan pada mereka yang perlu melepaskan diri dari nama-nama yang terikat pada perjanjian atau ikatan leluhur.

Peralatan: Cetak kartu makna nama, bawa minyak urapan, gunakan ayat-ayat perubahan nama.

Wawasan Utama

Anda tidak dapat berjalan dengan identitas Anda yang sebenarnya, namun tetap menjawab pertanyaan yang salah.

Jurnal Refleksi

- Apa arti nama saya — secara spiritual dan budaya?
- Apakah saya merasa selaras dengan nama saya atau bertentangan dengannya?
- Dengan nama apakah surga memanggilku?

Doa Penggantian Nama

Bapa, dalam nama Yesus, aku bersyukur kepada-Mu karena telah memberiku identitas baru di dalam Kristus. Aku mematahkan setiap kutukan, perjanjian, atau ikatan iblis yang melekat pada namaku. Aku menolak setiap nama yang tidak selaras dengan kehendak-Mu. Aku menerima nama dan identitas yang telah diberikan surga kepadaku — penuh kuasa, tujuan, dan kemurnian. Dalam nama Yesus, Amin.

HARI KE-8: MENGUNGKAP CAHAYA PALSU — PERANGKAP NEW AGE DAN PENIPUAN MALAIKAT

"*Hal itu tidak usah mengherankan! Sebab Iblis pun menyamar sebagai malaikat Terang.*" — 2 Korintus 11:14

"*Saudara-saudaraku yang kekasih, janganlah percaya akan setiap roh, tetapi ujilah roh-roh itu, apakah mereka berasal dari Allah...*" — 1 Yohanes 4:1

Tidak semua yang bersinar adalah Tuhan.

Di dunia saat ini, semakin banyak orang mencari "cahaya", "penyembuhan", dan "energi" di luar Firman Tuhan. Mereka beralih ke meditasi, altar yoga, aktivasi mata ketiga, pemanggilan leluhur, pembacaan tarot, ritual bulan, penyaluran malaikat, dan bahkan mistisisme yang terdengar Kristen. Tipuan ini kuat karena seringkali datang dengan kedamaian, keindahan, dan kekuatan — pada awalnya.

Namun di balik gerakan-gerakan ini terdapat roh-roh ramalan, nubuat palsu, dan dewa-dewa kuno yang mengenakan topeng cahaya untuk memperoleh akses legal ke jiwa manusia.

Jangkauan Global Cahaya Palsu

- **Amerika Utara** – Kristal, pembersihan bijak, hukum tarik-menarik, paranormal, kode cahaya alien.
- **Eropa** – Paganisme yang diubah namanya, penyembahan dewi, ilmu sihir putih, dan festival spiritual.
- **Amerika Latin** – Santeria bercampur dengan orang-orang kudus Katolik, penyembuh spiritis (curanderos).
- **Afrika** – Palsu yang bersifat kenabian menggunakan altar malaikat dan air ritual.
- **Asia** – Cakra, yoga "pencerahan," konseling reinkarnasi, roh kuil.

Praktik-praktik ini mungkin menawarkan "cahaya" sementara, namun lama-kelamaan menggelapkan jiwa.

Kesaksian: Pembebasan dari Terang yang Menipu

Dari *Greater Exploits 14*, Mercy (Inggris) telah menghadiri lokakarya malaikat dan mempraktikkan meditasi "Kristen" dengan dupa, kristal, dan kartu malaikat. Ia percaya bahwa ia sedang mengakses cahaya Tuhan, tetapi tak lama kemudian ia mulai mendengar suara-suara saat tidur dan merasakan ketakutan yang tak dapat dijelaskan di malam hari.

Pembebasannya dimulai ketika seseorang memberinya *The Jameses Exchange*, dan ia menyadari kemiripan antara pengalamannya dan pengalaman seorang mantan pemuja setan yang berbicara tentang tipu daya malaikat. Ia bertobat, menghancurkan semua benda gaib, dan menyerahkan diri sepenuhnya kepada doa pembebasan.

Saat ini, dia bersaksi dengan berani menentang penipuan Zaman Baru di gereja-gereja dan telah membantu orang lain meninggalkan jalan yang sama.

Rencana Aksi – Menguji Semangat

1. **Inventarisasikan praktik dan keyakinan Anda** — Apakah sejalan dengan Kitab Suci atau hanya terasa rohani?
2. **Tolak dan hancurkan** semua materi cahaya palsu: kristal, buku panduan yoga, kartu malaikat, penangkap mimpi, dan lain-lain.
3. **Berdoa Mazmur 119:105** — mohon kepada Tuhan untuk menjadikan Firman-Nya sebagai satu-satunya terangmu.
4. **Nyatakan perang terhadap kebingungan** — ikat roh-roh yang familier dan wahyu palsu.

APLIKASI GRUP

- **Diskusi**: Apakah Anda atau seseorang yang Anda kenal telah tertarik pada praktik "spiritual" yang tidak berpusat pada Yesus?
- **Bermain Peran Discernment**: Bacalah kutipan perkataan "spiritual" (misalnya, "Percayalah pada alam semesta") dan bandingkan dengan Kitab Suci.

- **Sesi Pengurapan & Pembebasan** : Hancurkan mezbah-mezbah menuju terang palsu dan gantikan dengan perjanjian menuju *Terang Dunia* (Yohanes 8:12).

Peralatan Pelayanan :

- Bawalah benda-benda New Age yang sebenarnya (atau fotonya) untuk pengajaran objek.
- Panjatkan doa pembebasan dari roh-roh jahat (lihat Kisah Para Rasul 16:16–18).

Wawasan Utama

Senjata Setan yang paling berbahaya bukanlah kegelapan — melainkan cahaya palsu.

Jurnal Refleksi

- Apakah saya telah membuka pintu-pintu rohani melalui ajaran-ajaran "terang" yang tidak berakar pada Kitab Suci?
- Apakah saya percaya pada Roh Kudus atau pada intuisi dan energi?
- Bersediakah saya menyerahkan segala bentuk spiritualitas palsu demi kebenaran Tuhan?

DOA PENOLAKAN

Bapa, aku bertobat atas segala cara yang telah kulakukan untuk menghibur atau terlibat dengan cahaya palsu. Aku menolak segala bentuk Zaman Baru, sihir, dan spiritualitas yang menipu. Aku memutuskan setiap ikatan jiwa dengan malaikat penipu, pemandu roh, dan wahyu palsu. Aku menerima Yesus, Terang dunia yang sejati. Aku menyatakan bahwa aku tidak akan mengikuti suara apa pun selain suara-Mu, dalam nama Yesus. Amin.

HARI KE-9: ALTAR DARAH — PERJANJIAN YANG MENUNTUT KEHIDUPAN

"Dan mereka membangun bukit-bukit pengorbanan Baal... untuk mempersembahkan anak-anak lelaki dan anak-anak perempuan mereka sebagai korban api bagi Molokh." — Yeremia 32:35

"Dan mereka mengalahkan dia oleh darah Anak Domba, dan oleh perkataan kesaksian mereka..." — Wahyu 12:11

Ada altar yang tidak hanya meminta perhatian Anda — mereka menuntut darah Anda.

Dari zaman kuno hingga saat ini, perjanjian darah telah menjadi praktik inti kerajaan kegelapan. Beberapa di antaranya dilakukan secara sadar melalui ilmu sihir, aborsi, pembunuhan ritual, atau inisiasi okultisme. Yang lainnya diwariskan melalui praktik leluhur atau tanpa disadari bergabung melalui ketidaktahuan spiritual.

Di mana pun darah tak berdosa tertumpah — entah di kuil, kamar tidur, atau ruang rapat — altar iblis berbicara.

Altar-altar ini merenggut nyawa, memperpendek takdir, dan menciptakan landasan hukum bagi penderitaan setan.

Altar Darah Global

- **Afrika** – Pembunuhan ritual, ritual uang, pengorbanan anak, perjanjian darah saat lahir.
- **Asia** – Persembahan darah di kuil, kutukan keluarga melalui aborsi atau sumpah perang.
- **Amerika Latin** – Santeria pengorbanan hewan, persembahan darah kepada roh orang mati.
- **Amerika Utara** – Ideologi aborsi sebagai sakramen, persaudaraan

sumpah darah setan.
- **Eropa** – Ritus Druid dan Freemason kuno, altar pertumpahan darah era Perang Dunia masih belum bertobat.

Perjanjian-perjanjian ini, kecuali dilanggar, akan terus memakan korban jiwa, sering kali dalam siklus.

Kisah Nyata: Pengorbanan Seorang Ayah

Dalam *buku Delivered from the Power of Darkness*, seorang perempuan dari Afrika Tengah menemukan dalam sebuah sesi pembebasan bahwa seringnya ia berhadapan dengan kematian ternyata berkaitan dengan sumpah darah yang diucapkan ayahnya. Sang ayah menjanjikan nyawanya sebagai ganti kekayaan setelah bertahun-tahun mandul.

Setelah ayahnya meninggal, ia mulai melihat bayangan dan mengalami kecelakaan yang hampir fatal setiap tahun di hari ulang tahunnya. Terobosan datang ketika ia dituntun untuk mendeklarasikan Mazmur 118:17 — *"Aku tidak akan mati, melainkan hidup..."* — atas dirinya sendiri setiap hari, diikuti dengan serangkaian doa penyangkalan dan puasa. Kini, ia memimpin pelayanan syafaat yang penuh kuasa.

Kisah lain dari *Greater Exploits 14* menceritakan seorang pria di Amerika Latin yang berpartisipasi dalam inisiasi geng yang melibatkan pertumpahan darah. Bertahun-tahun kemudian, bahkan setelah menerima Kristus, hidupnya terus bergejolak — hingga ia melanggar perjanjian darah melalui puasa yang panjang, pengakuan dosa di depan umum, dan baptisan air. Siksaan itu pun berakhir.

Rencana Aksi – Membungkam Altar Darah

1. **Bertaubatlah** atas segala bentuk aborsi, perjanjian darah gaib, atau pertumpahan darah warisan.
2. **Tolak** semua perjanjian darah yang diketahui maupun tidak diketahui dengan lantang melalui namanya.
3. **Berpuasa selama 3 hari** dengan menerima komuni setiap hari, menyatakan darah Yesus sebagai perlindungan hukum Anda.
4. **Nyatakan dengan lantang**:

"Demi darah Yesus, aku melanggar setiap perjanjian darah yang dibuat atas namaku. Aku ditebus!"

APLIKASI GRUP

- Diskusikan perbedaan antara ikatan darah alami dan perjanjian darah setan.
- Gunakan pita/benang merah untuk melambangkan altar darah, dan gunting untuk memotongnya secara profetik.
- Undanglah kesaksian dari seseorang yang telah terbebas dari ikatan darah.

Peralatan Pelayanan :

- Elemen Komuni
- Minyak urapan
- Deklarasi pembebasan
- Visualisasikan altar dengan cahaya lilin jika memungkinkan

Wawasan Utama

Setan berdagang darah. Yesus membayar lebih untuk kebebasanmu dengan darah-Nya.

Jurnal Refleksi

- Apakah saya atau keluarga saya pernah terlibat dalam sesuatu yang melibatkan pertumpahan darah atau sumpah serapah?
- Apakah ada kematian berulang, keguguran, atau pola kekerasan dalam garis keturunan saya?
- Apakah saya sepenuhnya percaya bahwa darah Yesus berbicara lebih keras atas hidup saya?

Doa Pembebasan

Tuhan Yesus, aku bersyukur kepada-Mu atas darah-Mu yang mulia, yang berbicara lebih baik daripada darah Habel. Aku bertobat atas perjanjian darah apa pun yang kubuat bersama leluhurku, baik secara sadar maupun tidak sadar. Aku meninggalkannya sekarang. Aku menyatakan bahwa aku dilindungi oleh darah Anak Domba. Biarlah setiap altar iblis yang menuntut hidupku dibungkam dan dihancurkan. Aku hidup karena Engkau telah mati untukku. Dalam nama Yesus, Amin.

HARI KE-10: KEMANDULAN & KERUSAKAN — KETIKA RAHIM MENJADI MEDAN PERANG

"*Tidak akan ada seorang pun yang keguguran atau mandul di negerimu; Aku akan menggenapi jumlah hari-harimu.*" — Keluaran 23:26

"*Ia mengaruniakan keluarga kepada perempuan yang mandul, menjadikannya ibu yang bahagia. Pujilah Tuhan!*" — Mazmur 113:9

Kemandulan lebih dari sekadar masalah medis. Kemandulan bisa menjadi benteng spiritual yang berakar pada pertikaian emosional, leluhur, dan bahkan teritorial yang mendalam.

Di berbagai negara, kemandulan dimanfaatkan oleh musuh untuk mempermalukan, mengisolasi, dan menghancurkan perempuan dan keluarga. Meskipun beberapa penyebabnya bersifat fisiologis, banyak yang bersifat spiritual mendalam — terkait dengan altar generasi, kutukan, pasangan spiritual, takdir yang gagal, atau luka jiwa.

Di balik setiap rahim yang tak berbuah, surga menyimpan janji. Namun, seringkali ada peperangan yang harus dilancarkan sebelum pembuahan — di dalam rahim dan di dalam jiwa.

Pola Kemandulan Global

- **Afrika** – Terkait dengan poligami, kutukan leluhur, perjanjian kuil, dan anak roh.
- **Asia** – Kepercayaan karma, sumpah kehidupan lampau, kutukan turun-temurun, budaya malu.
- **Amerika Latin** – Penutupan rahim akibat sihir, mantra iri hati.
- **Eropa** – Ketergantungan berlebihan pada IVF, pengorbanan anak oleh Freemasonry, rasa bersalah karena aborsi.
- **Amerika Utara** – Trauma emosional, luka jiwa, siklus keguguran,

obat-obatan pengubah hormon.

KISAH NYATA – DARI Air Mata Menjadi Kesaksian
Maria dari Bolivia (Amerika Latin)

Maria telah mengalami 5 kali keguguran. Setiap kali, ia bermimpi menggendong bayi yang menangis dan kemudian melihat darah keesokan paginya. Dokter tidak dapat menjelaskan kondisinya. Setelah membaca sebuah kesaksian di *Greater Exploits*, ia menyadari bahwa ia mewarisi altar kemandulan keluarga dari seorang nenek yang telah mendedikasikan semua rahim perempuan untuk dewa setempat.

Ia berpuasa dan membaca Mazmur 113 selama 14 hari. Pendetanya membimbingnya untuk melanggar perjanjian melalui komuni. Sembilan bulan kemudian, ia melahirkan anak kembar.

Ngozi dari Nigeria (Afrika)

Ngozi telah menikah selama 10 tahun tanpa seorang anak. Saat doa pembebasan, terungkap bahwa ia telah menikah di alam roh dengan seorang pria laut. Setiap siklus ovulasi, ia akan bermimpi seksual. Setelah serangkaian doa perang tengah malam, dan tindakan profetik membakar cincin kawinnya dari inisiasi okultisme di masa lalu, rahimnya terbuka.

Rencana Aksi – Membuka Rahim

1. **Identifikasi akarnya** – leluhur, emosional, perkawinan, atau medis.
2. **Bertobatlah atas aborsi di masa lalu**, ikatan jiwa, dosa seksual, dan pengabdian pada ilmu gaib.
3. **Urapi rahimmu setiap hari** sambil membaca Keluaran 23:26 dan Mazmur 113.
4. **Puasa selama 3 hari**, dan terima komuni setiap hari, tolak semua altar yang terikat pada rahimmu.
5. **Bicaralah dengan suara keras** :

Rahimku diberkati. Aku menolak setiap perjanjian kemandulan. Aku akan mengandung dan melahirkan dengan kuasa Roh Kudus!

Aplikasi Grup

- Ajaklah wanita (dan pasangan) untuk berbagi beban penundaan di tempat yang aman dan penuh doa.
- Gunakan selendang atau kain merah yang diikatkan di pinggang — lalu secara profetik dilepaskan sebagai tanda kebebasan.
- Pimpin upacara "penamaan" yang bersifat profetik — nyatakan anak-anak yang belum lahir melalui iman.
- Hancurkan kutukan kata-kata, rasa malu budaya, dan kebencian terhadap diri sendiri dalam lingkaran doa.

Peralatan Pelayanan:

- Minyak zaitun (mengurapi rahim)
- Komuni
- Mantel/selendang (melambangkan penutup dan kebaruan)

Wawasan Utama

Kemandulan bukanlah akhir — melainkan panggilan untuk berperang, untuk beriman, dan untuk pemulihan. Penundaan dari Tuhan bukanlah penyangkalan.

Jurnal Refleksi

- Luka emosional atau spiritual apa yang terikat pada rahimku?
- Apakah saya membiarkan rasa malu dan kepahitan menggantikan harapan saya?
- Bersediakah saya menghadapi akar permasalahannya dengan iman dan tindakan?

Doa Penyembuhan dan Pembuahan

Bapa, aku berpegang teguh pada Firman-Mu yang mengatakan bahwa tak seorang pun akan mandul di bumi ini. Aku menolak setiap dusta, altar, dan roh yang ditetapkan untuk menghalangi kesuburanku. Aku mengampuni diriku sendiri dan orang lain yang telah berkata jahat tentang tubuhku. Aku menerima kesembuhan, pemulihan, dan kehidupan. Aku menyatakan rahimku subur, dan sukacitaku penuh. Dalam nama Yesus. Amin.

HARI KE-11: GANGGUAN AUTOIMUN & KELELAHAN KRONIS — PERANG TAK TERLIHAT DI DALAM

"*Rumah tangga yang terbagi-bagi tidak akan bertahan.*" — Matius 12:25
"*Ia memberi kekuatan kepada yang lemah, dan kepada yang tidak berdaya Ia menambah kekuatan.*" — Yesaya 40:29

Penyakit autoimun adalah kondisi di mana tubuh menyerang dirinya sendiri — menganggap sel-selnya sendiri sebagai musuh. Lupus, artritis reumatoid, multiple sclerosis, Hashimoto, dan lainnya termasuk dalam kelompok ini.

Sindrom kelelahan kronis (CFS), fibromialgia, dan gangguan kelelahan tak terjelaskan lainnya sering kali beririsan dengan perjuangan autoimun. Namun, di luar aspek biologis, banyak penderitanya juga menanggung trauma emosional, luka batin, dan beban spiritual.

Tubuh kita menjerit — bukan hanya minta obat, tapi juga minta kedamaian. Banyak yang berperang di dalam diri kita.

Sekilas Global

- **Afrika** – Meningkatnya diagnosis autoimun yang dikaitkan dengan trauma, polusi, dan stres.
- **Asia** – Tingginya angka gangguan tiroid terkait dengan penindasan leluhur dan budaya malu.
- **Eropa & Amerika** – Epidemi kelelahan kronis dan kejenuhan akibat budaya yang berorientasi pada kinerja.
- **Amerika Latin** – Penderita sering salah didiagnosis; stigma dan serangan spiritual melalui fragmentasi jiwa atau kutukan.

Akar Spiritual Tersembunyi

- **Membenci atau malu pada diri sendiri** — merasa "tidak cukup baik."
- **Tidak memaafkan diri sendiri atau orang lain** — sistem kekebalan tubuh meniru kondisi spiritual.
- **Kesedihan atau pengkhianatan yang tak terselesaikan** — membuka pintu menuju kelelahan jiwa dan kerusakan fisik.
- **Penderitaan sihir atau panah kecemburuan** — digunakan untuk menguras kekuatan rohani dan fisik.

Kisah Nyata – Pertempuran yang Terjadi dalam Kegelapan
Elena dari Spanyol

didiagnosis menderita lupus setelah hubungan abusif yang panjang dan membuatnya hancur secara emosional. Melalui terapi dan doa, terungkaplah bahwa ia telah memendam kebencian, meyakini dirinya tidak berharga. Ketika ia mulai memaafkan dirinya sendiri dan menghadapi luka jiwa dengan Kitab Suci, gejolaknya berkurang drastis. Ia bersaksi tentang kuasa penyembuhan Firman dan penyucian jiwa.

James dari AS

James, seorang eksekutif perusahaan yang ambisius, jatuh sakit akibat CFS setelah 20 tahun stres tanpa henti. Saat pembebasan, terungkaplah bahwa kutukan turun-temurun berupa kerja keras tanpa istirahat telah menjangkiti para pria di keluarganya. Ia memasuki masa sabat, doa, dan pengakuan dosa, dan menemukan pemulihan bukan hanya kesehatan, tetapi juga identitas.

Rencana Aksi – Penyembuhan Jiwa dan Sistem Kekebalan Tubuh

1. **Berdoalah Mazmur 103:1–5** dengan suara keras setiap pagi — khususnya ayat 3-5.
2. **Cantumkan keyakinan batinmu** — apa yang kamu katakan pada dirimu sendiri? Hentikan kebohongan.
3. **Maafkanlah sedalam-dalamnya** — terutama diri Anda sendiri.
4. **Ambil komuni** untuk mengatur ulang perjanjian tubuh — lihat Yesaya 53.
5. **Beristirahatlah dalam Tuhan** — Sabat bukanlah pilihan, melainkan peperangan rohani melawan kelelahan.

Aku menyatakan tubuhku bukanlah musuhku. Setiap sel dalam diriku akan selaras dengan tatanan dan kedamaian ilahi. Aku menerima kekuatan dan kesembuhan dari Tuhan.

Aplikasi Grup

- Mintalah anggota berbagi pola kelelahan atau kelelahan emosional yang mereka sembunyikan.
- Lakukan latihan "pembuangan jiwa" — menuliskan beban, lalu membakar atau menguburnya secara simbolis.
- Letakkan tangan pada mereka yang menderita gejala autoimun; perintahkan keseimbangan dan kedamaian.
- Dorong penulisan jurnal selama 7 hari tentang pemicu emosional dan ayat-ayat penyembuhan.

Peralatan Pelayanan:

- Minyak esensial atau urapan harum untuk penyegaran
- Jurnal atau buku catatan
- Soundtrack meditasi Mazmur 23

Wawasan Utama

Apa yang menyerang jiwa seringkali terwujud dalam tubuh. Penyembuhan harus mengalir dari dalam ke luar.

Jurnal Refleksi

- Apakah saya merasa aman dengan tubuh dan pikiran saya sendiri?
- Apakah saya memendam rasa malu atau menyalahkan diri sendiri akibat kegagalan atau trauma di masa lalu?
- Apa yang dapat saya lakukan untuk mulai menghormati istirahat dan kedamaian sebagai praktik spiritual?

Doa Pemulihan

Tuhan Yesus , Engkaulah Penyembuhku. Hari ini aku menolak setiap kebohongan yang mengatakan bahwa aku hancur, kotor, atau terkutuk. Aku mengampuni diriku sendiri dan orang lain. Aku memberkati setiap sel dalam tubuhku. Aku menerima kedamaian dalam jiwaku dan keselarasan dalam sistem kekebalan tubuhku. Oleh bilur-bilur-Mu, aku disembuhkan. Amin.

HARI KE-12: EPILEPSI & SIKSAAN MENTAL — KETIKA PIKIRAN MENJADI MEDAN PERANG

"*Tuhan, kasihanilah anakku, karena ia gila dan sangat menderita, karena ia sering jatuh ke dalam api dan sering ke dalam air.*" — Matius 17:15
"*Sebab Allah memberikan kepada kita bukan roh ketakutan, melainkan roh yang membangkitkan kekuatan, kasih dan ketertiban.*" — 2 Timotius 1:7

Beberapa penderitaan bukan sekadar masalah medis — melainkan medan pertempuran rohani yang disamarkan sebagai penyakit.

Epilepsi, kejang, skizofrenia, episode bipolar, dan pola-pola siksaan mental seringkali memiliki akar yang tak terlihat. Meskipun pengobatan memang bermanfaat, kebijaksanaan sangatlah penting. Dalam banyak kisah Alkitab, kejang dan serangan mental merupakan akibat dari penindasan setan.

Masyarakat modern mengobati apa yang sering *diusir Yesus*.

Realitas Global

- **Afrika** – Kejang sering dikaitkan dengan kutukan atau roh leluhur.
- **Asia** – Penderita epilepsi sering disembunyikan karena rasa malu dan stigma spiritual.
- **Amerika Latin** – Skizofrenia dikaitkan dengan ilmu sihir turun-temurun atau panggilan yang dibatalkan.
- **Eropa & Amerika Utara** – Diagnosis berlebihan dan pengobatan berlebihan sering kali menutupi akar penyebab kejahatan.

Kisah Nyata – Pembebasan dalam Api
Musa dari Nigeria Utara

Musa menderita kejang epilepsi sejak kecil. Keluarganya mencoba segala cara — mulai dari dokter setempat hingga doa di gereja. Suatu hari, dalam sebuah ibadah pembebasan, Roh Kudus mengungkapkan bahwa kakek Musa telah menawarkannya dalam pertukaran ilmu sihir. Setelah melanggar perjanjian dan mengurapinya, ia tidak pernah mengalami kejang lagi.

Daniel dari Peru

Didiagnosis gangguan bipolar, Daniel berjuang melawan mimpi dan suara-suara yang keras. Ia kemudian mengetahui bahwa ayahnya terlibat dalam ritual setan rahasia di pegunungan. Doa pembebasan dan puasa tiga hari membawa pencerahan. Suara-suara itu berhenti. Kini, Daniel tenang, pulih, dan bersiap untuk pelayanan.

Tanda-tanda yang Perlu Diwaspadai

- Episode kejang berulang tanpa diketahui penyebab neurologisnya.
- Suara-suara, halusinasi, pikiran kekerasan atau bunuh diri.
- Hilangnya waktu atau ingatan, ketakutan yang tidak dapat dijelaskan, atau kejang-kejang fisik saat berdoa.
- Pola keluarga yang gila atau bunuh diri.

Rencana Aksi – Mengambil Kewenangan Atas Pikiran

1. Bertobatlah dari semua ikatan gaib, trauma, atau kutukan yang diketahui.
2. Letakkan tangan di atas kepalamu setiap hari, nyatakan pikiran yang sehat (2 Timotius 1:7).
3. Berpuasa dan berdoa atas roh-roh yang mengikat pikiran.
4. Melanggar sumpah leluhur, dedikasi, atau kutukan garis keturunan.
5. Jika memungkinkan, bergabunglah dengan mitra doa atau tim pembebasan yang kuat.

Aku menolak segala roh siksaan, kejang, dan kebingungan. Aku menerima pikiran yang sehat dan emosi yang stabil dalam nama Yesus!

Pelayanan Kelompok & Aplikasi

- Mengidentifikasi pola penyakit mental atau kejang dalam keluarga.
- Berdoalah untuk mereka yang menderita — gunakan minyak urapan di dahi.
- Mintalah para pendoa syafaat berjalan mengelilingi ruangan sambil berseru, "Diamlah, tenanglah!" (Markus 4:39)
- Ajak mereka yang terdampak untuk membatalkan kesepakatan lisan: "Saya tidak gila. Saya sudah sembuh dan utuh."

Peralatan Pelayanan:

- Minyak urapan
- Kartu deklarasi penyembuhan
- Musik penyembahan yang melayani perdamaian dan identitas

Wawasan Utama

Tidak semua penderitaan hanya bersifat fisik. Beberapa berakar pada perjanjian kuno dan dasar hukum iblis yang harus diatasi secara rohani.

Jurnal Refleksi

- Pernahkah saya tersiksa dalam pikiran dan tidur saya?
- Apakah ada trauma yang belum tersembuhkan atau pintu spiritual yang perlu saya tutup?
- Kebenaran apa yang dapat saya nyatakan setiap hari untuk menambatkan pikiran saya pada Firman Tuhan?

Doa Kesehatan

Tuhan Yesus, Engkaulah Pemulih pikiranku. Aku menolak segala perjanjian, trauma, atau roh jahat yang menyerang otak, emosi, dan kejernihan pikiranku. Aku menerima kesembuhan dan pikiran yang sehat. Aku menyatakan bahwa aku akan hidup, dan tidak akan mati. Aku akan berfungsi dengan kekuatan penuh, dalam nama Yesus. Amin.

HARI KE-13: ROH TAKUT — MEMATAHKAN KANDANG SIKSAAN TAK TERLIHAT

"*Sebab Allah memberikan kepada kita bukan roh ketakutan, melainkan roh yang membangkitkan kekuatan, kasih dan ketertiban.*" — 2 Timotius 1:7
"*Ketakutan mengandung siksaan...*" — 1 Yohanes 4:18

Ketakutan bukan sekadar emosi — ia bisa menjadi *roh*.

Ia membisikkan kegagalan sebelum Anda memulai. Ia memperbesar penolakan. Ia melumpuhkan tujuan. Ia melumpuhkan bangsa.

Banyak yang berada dalam penjara tak kasat mata yang dibangun oleh rasa takut: takut akan kematian, kegagalan, kemiskinan, orang-orang, penyakit, peperangan rohani, dan hal-hal yang tidak diketahui.

Di balik banyak serangan kecemasan, gangguan panik, dan fobia irasional terdapat tugas spiritual yang dikirim untuk **menetralkan takdir**.

Manifestasi Global

- **Afrika** – Ketakutan yang berakar pada kutukan turun-temurun, pembalasan leluhur, atau serangan balik ilmu sihir.
- **Asia** – Malu budaya, ketakutan karma, kecemasan reinkarnasi.
- **Amerika Latin** – Takut terhadap kutukan, legenda desa, dan pembalasan spiritual.
- **Eropa & Amerika Utara** – Kecemasan tersembunyi, gangguan yang terdiagnosis, ketakutan akan konfrontasi, kesuksesan, atau penolakan — seringkali spiritual tetapi diberi label psikologis.

Kisah Nyata – Mengungkap Roh
Sarah dari Kanada

Selama bertahun-tahun, Sarah tidak bisa tidur dalam kegelapan. Ia selalu merasakan kehadiran seseorang di kamarnya. Dokter mendiagnosisnya sebagai kecemasan, tetapi tidak ada pengobatan yang berhasil. Dalam sesi pembebasan daring, terungkap bahwa ketakutan masa kecilnya membuka pintu bagi roh penyiksa melalui mimpi buruk dan film horor. Ia bertobat, meninggalkan rasa takut itu, dan mengusirnya. Kini ia tidur dengan tenang.

Uche dari Nigeria
Uche dipanggil untuk berkhotbah, tetapi setiap kali ia berdiri di hadapan orang-orang, ia membeku. Rasa takut itu tidak wajar—tersedak, lumpuh. Dalam doa, Tuhan menunjukkan kepadanya sebuah kutukan yang diucapkan oleh seorang guru yang mengejek suaranya saat kecil. Kata-kata itu membentuk rantai spiritual. Setelah putus, ia mulai berkhotbah dengan berani.

Rencana Aksi – Mengatasi Rasa Takut

1. **Akui rasa takut apa pun dengan menyebut nama** : "Saya meninggalkan rasa takut terhadap [_____] dalam nama Yesus."
2. **Bacalah Mazmur 27 dan Yesaya 41 dengan suara keras setiap hari.**
3. **Beribadahlah sampai kedamaian menggantikan kepanikan.**
4. **Jauhi media yang berbasis rasa takut** — film horor, berita, gosip.
5. **Nyatakan setiap hari** : "Pikiranku sehat. Aku tidak diperbudak rasa takut."

Aplikasi Kelompok – Terobosan Komunitas

- Tanyakan kepada anggota kelompok: Ketakutan apa yang paling melumpuhkan Anda?
- Bagilah menjadi kelompok-kelompok kecil dan pimpin doa **penolakan** dan **penggantian** (misalnya, ketakutan → keberanian, kecemasan → keyakinan).
- Mintalah setiap orang menuliskan suatu ketakutan dan membakarnya sebagai tindakan kenabian.
- Gunakan *minyak urapan* dan *pengakuan Alkitab* satu sama lain.

Peralatan Pelayanan:

- Minyak urapan
- Kartu deklarasi Kitab Suci
- Lagu penyembahan: "No Longer Slaves" oleh Bethel

Wawasan Utama

Ketakutan yang ditoleransi **mencemari iman**.

Anda tidak bisa berani dan takut pada saat yang bersamaan — pilihlah keberanian.

Jurnal Refleksi

- Ketakutan apakah yang ada dalam diriku sejak kecil?
- Bagaimana rasa takut memengaruhi keputusan, kesehatan, atau hubungan saya?
- Apa yang akan saya lakukan secara berbeda jika saya benar-benar bebas?

Doa Kebebasan dari Ketakutan

Bapa, aku menolak roh ketakutan. Aku menutup setiap pintu melalui trauma, perkataan, atau dosa yang memberi akses pada rasa takut. Aku menerima Roh kuasa, kasih, dan pikiran yang sehat. Aku menyatakan keberanian, kedamaian, dan kemenangan dalam nama Yesus. Rasa takut tak lagi punya tempat dalam hidupku. Amin.

HARI KE-14: TANDA-TANDA SETAN — MENGHAPUS MEREK YANG TIDAK SUCI

"*Selanjutnya janganlah seorang pun menyusahkan aku, karena pada tubuhku ada tanda-tanda milik Yesus.*" — Galatia 6:17

"*Mereka akan meletakkan nama-Ku atas orang Israel, dan Aku akan memberkati mereka.*" — Bilangan 6:27

Banyak takdir yang *ditandai secara diam-diam* di alam spiritual — bukan oleh Tuhan, melainkan oleh musuh.

Tanda-tanda setan ini bisa berupa tanda-tanda tubuh yang aneh, mimpi tato atau cap, pelecehan traumatis, ritual berdarah, atau altar warisan. Beberapa tidak terlihat—hanya dapat dikenali melalui kepekaan spiritual—sementara yang lain muncul sebagai tanda fisik, tato setan, cap spiritual, atau kelemahan yang menetap.

Ketika seseorang ditandai oleh musuh, mereka mungkin mengalami:

- Penolakan dan kebencian terus-menerus tanpa sebab.
- Serangan dan penyumbatan spiritual yang berulang.
- Kematian dini atau krisis kesehatan pada usia tertentu.
- Dilacak dalam roh — selalu terlihat oleh kegelapan.

Tanda-tanda ini berfungsi sebagai *tanda hukum*, yang memberikan izin kepada roh jahat untuk menyiksa, menunda, atau mengawasi.

Namun darah Yesus **menyucikan** dan **memperbarui**.

Ekspresi Global

- **Afrika** – Tanda suku, luka ritual, bekas luka inisiasi okultisme.
- **Asia** – Segel spiritual, simbol leluhur, tanda karma.

- **Amerika Latin** – Tanda inisiasi Brujeria (sihir), tanda lahir yang digunakan dalam ritual.
- **Eropa** – Lambang Freemasonry, tato yang memanggil roh pemandu.
- **Amerika Utara** – Simbol zaman baru, tato ritual pelecehan, penandaan setan melalui perjanjian okultisme.

Kisah Nyata – Kekuatan Rebranding
David dari Uganda

Daud terus-menerus menghadapi penolakan. Tak seorang pun bisa menjelaskan alasannya, terlepas dari bakatnya. Dalam doa, seorang nabi melihat "tanda X rohani" di dahinya — tanda dari ritual masa kecil yang dilakukan oleh seorang pendeta desa. Selama pembebasan, tanda itu dihapus secara rohani melalui minyak urapan dan deklarasi darah Yesus. Hidupnya berubah dalam hitungan minggu — ia menikah, mendapatkan pekerjaan, dan menjadi pemimpin pemuda.

Sandra dari Brasil

Sandra memiliki tato naga dari pemberontakan masa remajanya. Setelah menyerahkan hidupnya kepada Kristus, ia merasakan serangan rohani yang intens setiap kali ia berpuasa atau berdoa. Pendetanya menyadari bahwa tato itu adalah simbol setan yang terkait dengan roh pemantau. Setelah sesi pertobatan, doa, dan penyembuhan batin, ia menghapus tato tersebut dan memutuskan ikatan jiwanya. Mimpi buruknya pun langsung hilang.

Rencana Aksi – Hapus Tanda

1. **Mintalah Roh Kudus** untuk mengungkapkan tanda-tanda rohani atau fisik apa pun dalam hidup Anda.
2. **Bertaubat** atas keterlibatan pribadi atau warisan dalam ritual yang memperbolehkannya.
3. **Oleskan darah Yesus** ke seluruh tubuhmu — dahi, tangan, kaki.
4. **Memutuskan pemantauan roh, ikatan jiwa, dan hak hukum** yang terikat pada tanda (lihat tulisan suci di bawah).
5. **Hapus tato fisik atau barang** (seperti yang diarahkan) yang terkait dengan perjanjian gelap.

Aplikasi Kelompok – Rebranding dalam Kristus

- Tanyakan kepada anggota kelompok: Pernahkah Anda memiliki tanda atau bermimpi untuk dicap?
- Pimpin doa **pembersihan dan pengabdian kembali** kepada Kristus.
- Mengurapi dahi dengan minyak dan nyatakan: *"Kamu sekarang memiliki tanda Tuhan Yesus Kristus."*
- Putuskanlah roh-roh pemantau dan perbaiki identitas mereka di dalam Kristus.

Peralatan Pelayanan:

- Minyak zaitun (diberkati untuk pengurapan)
- Cermin atau kain putih (tindakan mencuci simbolis)
- Komuni (menyegel identitas baru

Wawasan Utama

Apa yang ditandai dalam roh **terlihat dalam roh** — singkirkan apa yang musuh gunakan untuk menandai Anda.

Jurnal Refleksi

- Pernahkah saya melihat tanda, memar, atau simbol aneh di tubuh saya tanpa penjelasan?
- Apakah ada benda, tindakan, atau tato yang perlu saya tolak atau hapus?
- Sudahkah saya sepenuhnya mendedikasikan kembali tubuh saya sebagai bait Roh Kudus?

Doa Rebranding

Tuhan Yesus, aku meninggalkan setiap tanda, perjanjian, dan pengabdian yang dibuat dalam tubuh atau jiwaku di luar kehendak-Mu. Dengan darah-Mu, aku menghapus setiap cap setan. Aku menyatakan bahwa aku ditandai untuk Kristus saja. Biarlah meterai kepemilikan-Mu ada padaku, dan biarlah setiap roh pemantau kehilangan jejakku sekarang. Aku tak lagi terlihat oleh kegelapan. Aku berjalan bebas — dalam nama Yesus, Amin.

HARI KE-15: ALAM CERMIN — MELARIKAN DIRI DARI PENJARA REFLEKSI

"*Karena sekarang kita melihat dalam cermin suatu gambaran yang samar-samar, tetapi nanti kita akan melihat muka dengan muka...*" — 1 Korintus 13:12

"*Mereka punya mata, tetapi tidak dapat melihat, punya telinga, tetapi tidak dapat mendengar...*" — Mazmur 115:5–6

Ada **alam cermin** di dunia roh — tempat *identitas palsu*, manipulasi spiritual, dan bayangan gelap. Apa yang banyak orang lihat dalam mimpi atau penglihatan mungkin bukan cermin dari Tuhan, melainkan alat penipuan dari kerajaan gelap.

Dalam ilmu gaib, cermin digunakan untuk **menjebak jiwa**, **memantau kehidupan**, atau **memindahkan kepribadian**. Dalam beberapa sesi pembebasan, orang-orang melaporkan melihat diri mereka "hidup" di tempat lain — di dalam cermin, di layar, atau di balik tabir spiritual. Ini bukan halusinasi. Ini seringkali merupakan penjara setan yang dirancang untuk:

- Memecah jiwa
- Menunda takdir
- Bingung identitas
- Menjadi tuan rumah garis waktu spiritual alternatif

Tujuannya? Menciptakan *versi palsu* dirimu yang hidup di bawah kendali iblis, sementara dirimu yang sebenarnya hidup dalam kebingungan atau kekalahan.

Ekspresi Global

- **Afrika** – Sihir cermin yang digunakan oleh para ahli sihir untuk memantau, menjebak, atau menyerang.
- **Asia** – Dukun menggunakan mangkuk berisi air atau batu yang dipoles untuk "melihat" dan memanggil roh.
- **Eropa** – Ritual cermin hitam, ilmu hitam melalui refleksi.
- **Amerika Latin** – Mengintip melalui cermin obsidian dalam tradisi Aztec.
- **Amerika Utara** – Portal cermin zaman baru, menatap cermin untuk perjalanan astral.

Kesaksian — "Gadis di Cermin"
Maria dari Filipina

Maria bermimpi terjebak di ruangan penuh cermin. Setiap kali ia mengalami kemajuan dalam hidup, ia melihat bayangan dirinya di cermin menariknya ke belakang. Suatu malam saat pembebasan, ia menjerit dan menggambarkan dirinya "berjalan keluar dari cermin" menuju kebebasan. Pendetanya mengurapi matanya dan membimbingnya untuk meninggalkan manipulasi cermin. Sejak saat itu, kejernihan mental, bisnis, dan kehidupan keluarganya telah berubah.

David dari Skotlandia.

David, yang dulunya mendalami meditasi zaman baru, mempraktikkan "kerja bayangan cermin". Seiring waktu, ia mulai mendengar suara-suara dan melihat dirinya melakukan hal-hal yang tak pernah ia inginkan. Setelah menerima Kristus, seorang pendeta pembebasan memutuskan ikatan jiwa cermin dan mendoakan pikirannya. David melaporkan bahwa ia merasa seperti "kabut terangkat" untuk pertama kalinya setelah bertahun-tahun.

Rencana Aksi – Hancurkan Mantra Cermin

1. **Menolak** segala keterlibatan dengan cermin yang digunakan secara spiritual, baik yang diketahui maupun tidak diketahui.
2. **Tutupi semua cermin di rumah Anda** dengan kain selama salat atau puasa (jika dipimpin).
3. **Urapi mata dan dahimu** — nyatakanlah bahwa sekarang kamu hanya melihat apa yang dilihat Allah.

4. **Gunakan Kitab Suci** untuk menyatakan identitas Anda di dalam Kristus, bukan dalam refleksi yang salah:
   - *Yesaya 43:1*
   - *2 Korintus 5:17*
   - *Yohanes 8:36*

APLIKASI GRUP – PEMULIHAN Identitas

- Tanya: Pernahkah Anda bermimpi tentang cermin, kembaran, atau sedang diawasi?
- Pimpin doa pemulihan identitas — nyatakan kebebasan dari versi diri yang palsu.
- Letakkan tangan di mata (secara simbolis atau dalam doa) dan berdoa untuk kejelasan penglihatan.
- Gunakan cermin dalam kelompok untuk menyatakan secara profetik: *"Aku adalah apa yang Tuhan katakan tentang diriku. Tidak ada yang lain."*

Peralatan Pelayanan:

- Kain putih (menutupi simbol)
- Minyak zaitun untuk pengurapan
- Panduan deklarasi cermin kenabian

Wawasan Utama

Musuh suka sekali mendistorsi cara Anda memandang diri sendiri — karena identitas Anda adalah titik akses Anda menuju takdir.

Jurnal Refleksi

- Apakah saya mempercayai kebohongan tentang siapa saya?
- Pernahkah saya berpartisipasi dalam ritual cermin atau tanpa sadar membiarkan sihir cermin?
- Apa yang Tuhan katakan tentang siapa saya?

Doa Kebebasan dari Alam Cermin

Bapa di Surga, aku mengingkari setiap perjanjian dengan dunia cermin — setiap bayangan gelap, kembaran rohani, dan garis waktu palsu. Aku meninggalkan semua identitas palsu. Aku menyatakan bahwa aku adalah seperti yang Engkau katakan. Dengan darah Yesus, aku melangkah keluar dari penjara bayangan dan menuju kepenuhan tujuan hidupku. Mulai hari ini, aku melihat dengan mata Roh — dalam kebenaran dan kejelasan. Dalam nama Yesus, Amin.

HARI KE-16: MEMUTUSKAN IKATAN KUTUKAN KATA-KATA — MEMPEROLEH KEMBALI NAMAMU, MASA DEPANMU

"*Hidup dan mati dikuasai oleh lidah...*" — Amsal 18:21

"*Setiap senjata yang ditempa terhadapmu tidak akan berhasil, dan setiap lidah yang melontarkan tuduhan terhadapmu dalam penghakiman akan kaubuktikan salah...*" — Yesaya 54:17

Kata-kata bukan sekadar suara — kata-kata adalah **wadah spiritual**, yang membawa kekuatan untuk memberkati atau mengikat. Banyak orang tanpa sadar menanggung beban **kutukan yang diucapkan** orang tua, guru, pemimpin spiritual, mantan kekasih, atau bahkan mulut mereka sendiri.

Beberapa orang telah mendengar ini sebelumnya:

- "Kamu tidak akan pernah menjadi apa-apa."
- "Kamu sama seperti ayahmu — tidak berguna."
- "Apapun yang kau sentuh akan gagal."
- "Jika aku tak bisa memilikimu, tak seorang pun akan bisa memilikimu."
- "Kamu dikutuk... lihat saja."

Kata-kata seperti ini, jika diucapkan dalam kemarahan, kebencian, atau ketakutan—terutama oleh seseorang yang berwenang—dapat menjadi jerat spiritual. Bahkan umpatan yang diucapkan sendiri seperti *"Andai saja aku tak pernah lahir"* atau *"Aku tak akan pernah menikah"* dapat memberi musuh dasar hukum.

Ekspresi Global

- **Afrika** – Kutukan suku, kutukan orang tua atas pemberontakan, kutukan pasar.
- **Asia** – Deklarasi kata berdasarkan karma, sumpah leluhur yang diucapkan kepada anak-anak.
- **Amerika Latin** – Kutukan Brujeria (sihir) diaktifkan melalui kata-kata yang diucapkan.
- **Eropa** – Mantra lisan, "ramalan" keluarga yang terwujud dengan sendirinya.
- **Amerika Utara** – Pelecehan verbal, nyanyian gaib, penegasan kebencian terhadap diri sendiri.

Baik dibisikkan maupun diteriakkan, kutukan yang diucapkan dengan emosi dan keyakinan mempunyai bobot dalam jiwa.

Kesaksian — "Ketika Ibu Saya Berbicara Tentang Kematian"
Keisha (Jamaika)

Keisha tumbuh besar mendengar ibunya berkata: *"Kaulah penyebab hidupku hancur."* Setiap ulang tahun, sesuatu yang buruk akan terjadi. Di usia 21 tahun, ia mencoba bunuh diri, yakin hidupnya tak berharga. Dalam sebuah ibadah pembebasan, pendeta bertanya: *"Siapa yang mengucapkan kematian atas hidupmu?"* Ia pun hancur. Setelah meninggalkan kata-kata itu dan melepaskan pengampunan, ia akhirnya merasakan sukacita. Kini, ia mengajar gadis-gadis muda cara mengucapkan kehidupan atas diri mereka sendiri.

Andrei (Rumania)

Guru Andrei pernah berkata: *"Kamu akan berakhir di penjara atau mati sebelum usia 25."* Pernyataan itu menghantuinya. Ia terjerumus ke dalam kejahatan, dan pada usia 24 tahun ditangkap. Di penjara, ia bertemu Kristus dan menyadari kutukan yang telah ia setujui. Ia menulis surat pengampunan kepada gurunya, menghancurkan setiap kebohongan yang diucapkan kepadanya, dan mulai memberitakan janji-janji Tuhan. Ia sekarang memimpin pelayanan penjangkauan di penjara.

Rencana Aksi – Membalikkan Kutukan

1. Tuliskan pernyataan negatif yang diucapkan kepada Anda — oleh orang lain atau diri Anda sendiri.

2. Dalam berdoa, **hindari setiap kata kutukan** (ucapkan dengan lantang).
3. **Berikanlah ampunan** kepada orang yang mengucapkannya.
4. **Ucapkanlah kebenaran Tuhan** atas dirimu untuk menggantikan kutukan dengan berkat:
    - *Yeremia 29:11*
    - *Ulangan 28:13*
    - *Roma 8:37*
    - *Mazmur 139:14*

Aplikasi Kelompok – Kekuatan Kata-kata

- Tanyakan: Pernyataan apa yang telah membentuk identitas Anda — baik atau buruk?
- Dalam kelompok, sampaikan kutukan dengan lantang (dengan penuh kepekaan), dan ucapkan berkat sebagai gantinya.
- Gunakan kartu tulisan suci — setiap orang membaca dengan lantang 3 kebenaran tentang identitas mereka.
- *Dekrit Berkat* selama 7 hari atas diri mereka sendiri.

Peralatan Pelayanan:

- Kartu flash dengan identitas kitab suci
- Minyak zaitun untuk mengurapi mulut (ucapan yang menguduskan)
- Deklarasi cermin — sampaikan kebenaran melalui refleksi Anda setiap hari

Wawasan Utama

Jika suatu kutukan telah terucap, kutukan itu dapat dipatahkan — dan firman kehidupan baru dapat terucap sebagai gantinya.

Jurnal Refleksi

- Kata-kata siapa yang telah membentuk identitas saya?
- Apakah aku mengutuk diriku sendiri karena takut, marah, atau malu?
- Apa kata Tuhan tentang masa depanku?

Doa untuk Memutus Kutukan Firman

Tuhan Yesus , aku menolak setiap kutukan yang diucapkan atas hidupku — oleh keluarga, teman, guru, kekasih, dan bahkan diriku sendiri. Aku mengampuni setiap suara yang menyatakan kegagalan, penolakan, atau kematian. Aku mematahkan kuasa kata-kata itu sekarang, dalam nama Yesus. Aku mengucapkan berkat, kebaikan, dan takdir atas hidupku. Aku adalah apa yang Engkau katakan — dikasihi, dipilih, disembuhkan, dan dibebaskan. Dalam nama Yesus. Amin.

HARI KE-17: BEBAS DARI KONTROL & MANIPULASI

"*Sihir tidak selalu tentang jubah dan kuali — terkadang itu tentang kata-kata, emosi, dan tali kekang yang tak terlihat.*"

"Karena pemberontakan sama seperti dosa sihir, dan kekerasan hati sama seperti kejahatan dan penyembahan berhala."

— *1 Samuel 15:23*

Sihir tidak hanya ditemukan di tempat-tempat suci. Sihir sering kali berpura-pura baik dan memanipulasi melalui rasa bersalah, ancaman, sanjungan, atau rasa takut. Alkitab menyamakan pemberontakan—terutama pemberontakan yang menggunakan kendali yang tidak saleh atas orang lain—dengan sihir. Setiap kali kita menggunakan tekanan emosional, psikologis, atau spiritual untuk mendominasi kehendak orang lain, kita sedang berjalan di wilayah yang berbahaya.

Manifestasi Global

- **Afrika** – Para ibu mengumpat anak-anaknya dengan marah, sepasang kekasih mengikat satu sama lain melalui "juju" atau ramuan cinta, para pemimpin spiritual mengintimidasi para pengikutnya.
- **Asia** – Kontrol guru terhadap murid, pemerasan orang tua dalam perjodohan, manipulasi tali energi.
- **Eropa** – Sumpah Freemason mengendalikan perilaku generasi, rasa bersalah beragama, dan dominasi.
- **Amerika Latin** – Brujería (sihir) digunakan untuk mempertahankan pasangan, pemerasan emosional yang berakar pada kutukan keluarga.
- **Amerika Utara** – Pola asuh narsistik, kepemimpinan manipulatif yang disamarkan sebagai "penutup rohani", ramalan yang didasari rasa takut.

Suara sihir sering berbisik: *"Jika kamu tidak melakukan ini, kamu akan kehilangan aku, kehilangan kasih karunia Tuhan, atau menderita."*

Namun cinta sejati tak pernah memanipulasi. Suara Tuhan selalu membawa kedamaian, kejelasan, dan kebebasan memilih.

Kisah Nyata — Memutus Tali Kekang Tak Kasatmata

Grace dari Kanada sangat terlibat dalam pelayanan kenabian di mana pemimpinnya mulai mendikte siapa yang boleh ia kencani, di mana ia boleh tinggal, dan bahkan bagaimana ia harus berdoa. Awalnya, hal itu terasa rohani, tetapi seiring waktu, ia merasa seperti terkekang oleh pendapat pemimpinnya. Setiap kali ia mencoba membuat keputusan sendiri, ia dicap "memberontak terhadap Tuhan." Setelah mengalami gangguan jiwa dan membaca *Greater Exploits 14*, ia menyadari bahwa ini adalah sihir karismatik — kendali yang berkedok nubuat.

Grace melepaskan ikatan jiwanya dengan pemimpin spiritualnya, bertobat atas persetujuannya terhadap manipulasi, dan bergabung dengan komunitas lokal untuk penyembuhan. Kini, ia telah pulih dan membantu orang lain keluar dari pelecehan agama.

Rencana Aksi — Membedakan Sihir dalam Hubungan

1. Tanyakan pada diri Anda: *Apakah saya merasa bebas di dekat orang ini, atau takut mengecewakannya?*
2. Buat daftar hubungan di mana rasa bersalah, ancaman, atau sanjungan digunakan sebagai alat kontrol.
3. Lepaskan setiap ikatan emosional, spiritual, atau jiwa yang membuat Anda merasa didominasi atau tidak bersuara.
4. Berdoalah dengan suara keras untuk melepaskan diri dari segala belenggu manipulatif dalam hidup Anda.

Alat Tulisan Suci

- **1 Samuel 15:23** – Pemberontakan dan sihir
- **Galatia 5:1** – "Berdirilah teguh... jangan mau lagi dikenakan kuk perhambaan."
- **2 Korintus 3:17** – "Di mana ada Roh Tuhan, di situ ada kemerdekaan."

- **Mikha 3:5–7** – Nabi-nabi palsu menggunakan intimidasi dan suap

Diskusi Kelompok & Aplikasi

- Bagikan (secara anonim jika perlu) saat Anda merasa dimanipulasi secara spiritual atau emosional.
- Lakukan peran doa "mengatakan kebenaran" — melepaskan kendali atas orang lain dan mengambil kembali keinginan Anda.
- Mintalah anggota menulis surat (nyata atau simbolis) untuk memutuskan hubungan dengan tokoh-tokoh yang mengendalikan dan menyatakan kebebasan di dalam Kristus.

Peralatan Pelayanan:

- Pasangan mitra pembebasan.
- Gunakan minyak urapan untuk menyatakan kebebasan atas pikiran dan kemauan.
- Gunakan persekutuan untuk membangun kembali perjanjian dengan Kristus sebagai *satu-satunya penutup yang benar*.

Wawasan Utama

Di mana manipulasi hidup, sihir merajalela. Namun di mana Roh Tuhan berada, di situlah kebebasan.

Jurnal Refleksi

- Siapa atau apa yang telah saya izinkan mengendalikan suara, keinginan, atau arah saya?
- Pernahkah saya menggunakan rasa takut dan sanjungan untuk mendapatkan apa yang saya inginkan?
- Langkah apa yang akan saya ambil hari ini untuk berjalan dalam kebebasan Kristus?

Doa Pembebasan

Bapa Surgawi, aku menolak segala bentuk manipulasi emosional, spiritual, dan psikologis yang beroperasi di dalam dan di sekitarku. Aku memutus setiap ikatan jiwa yang berakar pada rasa takut, rasa bersalah, dan kendali. Aku terbebas dari pemberontakan, dominasi, dan intimidasi. Aku menyatakan bahwa aku hanya dituntun oleh Roh-Mu. Aku menerima kasih karunia untuk berjalan dalam kasih, kebenaran, dan kebebasan. Dalam nama Yesus. Amin.

HARI KE-18: MEMATAHKAN KEKUATAN KETIDAKAMPUNAN DAN KEPAHITAN

"Tidak memaafkan itu seperti meminum racun dan berharap orang lain yang mati."

"Jagalah... supaya jangan tumbuh akar yang pahit yang menimbulkan kerusuhan dan yang mencemarkan nama baik banyak orang."
— Ibrani 12:15

Kepahitan adalah perusak yang diam-diam. Kepahitan mungkin bermula dari rasa sakit—pengkhianatan, kebohongan, kehilangan—tetapi jika dibiarkan, ia akan membusuk menjadi rasa tidak mau memaafkan, dan akhirnya, menjadi akar yang meracuni segalanya.

Ketidakmampuan mengampuni membuka pintu bagi roh-roh penyiksa (Matius 18:34). Ketidakmampuan mengampuni mengaburkan kebijaksanaan, menghalangi penyembuhan, menghambat doa-doa Anda, dan menghalangi aliran kuasa Allah.

Pembebasan bukan sekadar mengusir setan — tetapi melepaskan apa yang telah Anda pendam di dalam diri.

EKSPRESI KEPAHITAN Global

- **Afrika** – Perang suku, kekerasan politik, dan pengkhianatan keluarga yang diwariskan dari generasi ke generasi.
- **Asia** – Ketidakhormatan antara orang tua dan anak, luka berdasarkan kasta, pengkhianatan agama.
- **Eropa** – Keheningan generasi atas pelecehan, kepahitan atas perceraian atau perselingkuhan.

- **Amerika Latin** – Luka akibat lembaga yang korup, penolakan keluarga, manipulasi spiritual.
- **Amerika Utara** – Luka di gereja, trauma rasial, ayah yang tidak hadir, ketidakadilan di tempat kerja.

Kepahitan tak selalu berteriak. Terkadang, ia berbisik, "Aku takkan pernah melupakan apa yang mereka lakukan."

Namun Tuhan berkata: *Biarkan saja — bukan karena mereka pantas menerimanya, tetapi karena **kamu** memang pantas menerimanya.*

Kisah Nyata — Wanita yang Tidak Mau Memaafkan

Maria dari Brasil berusia 45 tahun ketika pertama kali datang untuk pembebasan. Setiap malam, ia bermimpi dicekik. Ia menderita tukak lambung, tekanan darah tinggi, dan depresi. Selama sesi tersebut, terungkap bahwa ia menyimpan kebencian terhadap ayahnya yang telah menyiksanya sejak kecil — dan kemudian meninggalkan keluarganya.

Dia telah menjadi seorang Kristen, tetapi tidak pernah memaafkannya.

Saat ia menangis dan melepaskannya di hadapan Tuhan, tubuhnya bergetar hebat—ada sesuatu yang hancur. Malam itu, ia tidur nyenyak untuk pertama kalinya dalam 20 tahun. Dua bulan kemudian, kesehatannya mulai membaik drastis. Kini ia berbagi kisahnya sebagai pelatih penyembuhan bagi para perempuan.

Rencana Aksi — Mencabut Akar Pahit

1. **Sebutkan** – Tuliskan nama-nama orang yang menyakiti Anda — bahkan diri Anda sendiri atau Tuhan (jika Anda diam-diam marah kepada-Nya).
2. **Lepaskan** – Ucapkan dengan lantang: *"Saya memilih untuk memaafkan [nama] atas [kesalahan tertentu]. Saya melepaskan mereka dan membebaskan diri saya sendiri."*
3. **Bakar** – Jika aman untuk dilakukan, bakar atau sobek kertas tersebut sebagai tindakan pembebasan yang bersifat kenabian.
4. **Berdoalah untuk** memberkati orang-orang yang menyakitimu — meskipun emosimu menolak. Ini adalah peperangan rohani.

Alat Tulisan Suci

- *Matius 18:21–35* – Perumpamaan tentang hamba yang tidak mau mengampuni
- *Ibrani 12:15* – Akar yang pahit menajiskan banyak orang
- *Markus 11:25* – Maafkanlah, supaya doamu tidak terhalang
- *Roma 12:19–21* – Serahkan pembalasan kepada Tuhan

APLIKASI & PELAYANAN Kelompok

- Mintalah setiap orang (secara pribadi atau tertulis) untuk menyebutkan seseorang yang mereka sulit maafkan.
- Bagilah diri Anda menjadi tim doa untuk menjalani proses pengampunan dengan menggunakan doa di bawah ini.
- Pimpin "upacara pembakaran" profetik di mana pelanggaran tertulis dihancurkan dan diganti dengan pernyataan penyembuhan.

Peralatan Pelayanan:

- Kartu pernyataan pengampunan
- Musik instrumental lembut atau ibadah yang menenangkan
- Minyak sukacita (untuk pengurapan setelah pembebasan)

Wawasan Utama

Ketidakmampuan memaafkan adalah gerbang yang dieksploitasi musuh. Pengampunan adalah pedang yang memotong tali belenggu.

Jurnal Refleksi

- Siapakah yang perlu saya maafkan hari ini?
- Apakah aku telah memaafkan diriku sendiri — atau apakah aku sedang menghukum diriku sendiri atas kesalahan masa lalu?
- Percayakah saya bahwa Tuhan dapat mengembalikan apa yang telah saya hilangkan akibat pengkhianatan atau pelanggaran?

Doa Pembebasan

Tuhan Yesus, aku datang kepada-Mu dengan rasa sakit, amarah, dan kenanganku. Hari ini aku memilih—dengan iman—untuk mengampuni semua orang yang telah menyakiti, menganiaya, mengkhianati, atau menolakku. Aku merelakan mereka. Aku membebaskan mereka dari penghakiman dan aku membebaskan diriku dari kepahitan. Aku mohon kepada-Mu untuk menyembuhkan setiap luka dan memenuhiku dengan damai-Mu. Dalam nama Yesus. Amin.

HARI KE-19: PENYEMBUHAN DARI RASA MALU DAN PENGHUKUMAN

Rasa malu berkata, 'Aku jahat.' Kutukan berkata, 'Aku takkan pernah bebas.' Namun Yesus berkata, 'Kamu milik-Ku, dan Aku telah memperbaruimu.'

"Orang-orang yang memandang kepada-Nya berseri-seri, wajah mereka tidak pernah ditutupi rasa malu."

— *Mazmur 34:5*

Rasa malu bukan sekadar perasaan — melainkan strategi musuh. Rasa malu adalah jubah yang ia bungkus untuk menutupi mereka yang telah jatuh, gagal, atau dilecehkan. Malu berarti, "Kau tak bisa dekat dengan Tuhan. Kau terlalu kotor. Terlalu rusak. Terlalu bersalah."

Tetapi penghukuman adalah **dusta** — karena di dalam Kristus, **tidak ada penghukuman** (Roma 8:1).

Banyak orang yang mencari pembebasan tetap terjebak karena mereka yakin **tidak layak mendapatkan kebebasan**. Mereka memikul rasa bersalah seperti lencana dan memutar ulang kesalahan terburuk mereka seperti kaset rusak.

Yesus tidak hanya membayar dosa-dosa Anda — Dia juga membayar rasa malu Anda.

Wajah-Wajah Malu Global

- **Afrika** – Tabu budaya seputar pemerkosaan, kemandulan, tidak memiliki anak, atau tidak menikah.
- **Asia** – Rasa malu yang berdasar pada ketidakhormatan akibat harapan keluarga atau penyimpangan agama.
- **Amerika Latin** – Rasa bersalah karena aborsi, keterlibatan dalam ilmu gaib, atau aib keluarga.

- **Eropa** – Rasa malu yang tersembunyi dari dosa-dosa yang disembunyikan, pelecehan, atau perjuangan kesehatan mental.
- **Amerika Utara** – Malu karena kecanduan, perceraian, pornografi, atau kebingungan identitas.

Rasa malu tumbuh subur dalam kesunyian — tetapi mati dalam terang kasih Tuhan.

Kisah Nyata — Nama Baru Setelah Aborsi

Jasmine dari AS pernah melakukan tiga kali aborsi sebelum datang kepada Kristus. Meskipun ia telah diselamatkan, ia tidak bisa memaafkan dirinya sendiri. Setiap Hari Ibu terasa seperti kutukan. Ketika orang-orang membicarakan tentang anak-anak atau pengasuhan anak, ia merasa tidak terlihat—dan lebih buruk lagi, tidak berharga.

Dalam retret wanita, ia mendengar pesan dari Yesaya 61 — "sebagai ganti rasa malu, bagian ganda." Ia pun menangis. Malam itu, ia menulis surat kepada anak-anaknya yang belum lahir, bertobat kembali di hadapan Tuhan, dan menerima penglihatan Yesus yang memberinya nama-nama baru: *"Kekasih," "Ibu," "Dipulihkan."*

Sekarang dia melayani wanita pasca-aborsi dan membantu mereka mendapatkan kembali identitas mereka di dalam Kristus.

Rencana Aksi — Keluar dari Bayang-Bayang

1. **Sebutkan Rasa Malunya** – Catatlah apa yang selama ini Anda sembunyikan atau yang membuat Anda merasa bersalah.
2. **Akui Kebohongan Anda** – Tuliskan tuduhan yang Anda percayai (misalnya, "Saya kotor," "Saya didiskualifikasi").
3. **Ganti dengan Kebenaran** – Nyatakan Firman Tuhan dengan lantang atas diri Anda (lihat Kitab Suci di bawah).
4. **Aksi Kenabian** – Tulis kata "MALU" di selembar kertas, lalu sobek atau bakar. Nyatakan: *"Saya tidak lagi terikat oleh ini!"*

Alat Tulisan Suci

- *Roma 8:1–2* – Tidak ada penghukuman di dalam Kristus
- *Yesaya 61:7* – Porsi ganda untuk rasa malu

- *Mazmur 34:5* – Cahaya di hadirat-Nya
- *Ibrani 4:16* – Akses yang berani ke takhta Allah
- *Zefanya 3:19–20* – Tuhan menghapus rasa malu di antara bangsa-bangsa

Aplikasi & Pelayanan Kelompok

- Ajak peserta untuk menulis pernyataan rasa malu secara anonim (misalnya, "Saya melakukan aborsi," "Saya mengalami pelecehan," "Saya melakukan penipuan") dan letakkan di dalam kotak tertutup.
- Bacalah Yesaya 61 dengan suara keras, lalu pimpin doa untuk pertukaran — dukacita untuk sukacita, abu untuk keindahan, rasa malu untuk kehormatan.
- Mainkan musik penyembahan yang menekankan identitas dalam Kristus.
- Ucapkan kata-kata profetik kepada orang-orang yang sudah siap untuk melepaskan.

Peralatan Pelayanan:

- Kartu deklarasi identitas
- Minyak urapan
- Daftar putar penyembahan dengan lagu-lagu seperti "You Say" (Lauren Daigle), "No Longer Slaves," atau "Who You Say I Am"

Wawasan Utama

Rasa malu adalah pencuri. Ia mencuri suara, sukacita, dan otoritas Anda. Yesus tidak hanya mengampuni dosa-dosa Anda — Ia melucuti kuasa rasa malu.

Jurnal Refleksi

- Apa kenangan paling awal tentang rasa malu yang dapat saya ingat?
- Kebohongan apa yang selama ini aku percayai tentang diriku?
- Apakah saya siap melihat diri saya sebagaimana Tuhan melihat saya — bersih, bercahaya, dan terpilih?

Doa Penyembuhan

Tuhan Yesus, kuserahkan kepada-Mu rasa maluku, rasa sakitku yang tersembunyi, dan setiap suara kutukan. Aku bertobat karena telah menyetujui kebohongan musuh tentang diriku. Aku memilih untuk mempercayai apa yang

Engkau katakan — bahwa aku diampuni, dikasihi, dan diperbarui. Aku menerima jubah kebenaran-Mu dan melangkah menuju kebebasan. Aku melangkah keluar dari rasa malu dan menuju kemuliaan-Mu. Dalam nama Yesus, Amin.

HARI KE-20: SIHIR RUMAH TANGGA — KETIKA KEGELAPAN TINGGAL DI BAWAH ATAP YANG SAMA

"*Tidak semua musuh ada di luar. Beberapa memakai wajah yang familiar.*"
"Musuh seseorang adalah orang-orang seisi rumahnya."
— *Matius 10:36*

Beberapa pertempuran spiritual yang paling sengit tidak terjadi di hutan atau kuil — tetapi di kamar tidur, dapur, dan altar keluarga.

Sihir rumah tangga merujuk pada operasi setan yang berasal dari dalam keluarga seseorang — orangtua, pasangan, saudara kandung, staf rumah, atau saudara jauh — melalui rasa iri, praktik ilmu gaib, altar leluhur, atau manipulasi spiritual langsung.

Pembebasan menjadi rumit ketika orang-orang yang terlibat adalah **orang-orang yang kita cintai atau tinggal bersama kita.**

Contoh Global Sihir Rumah Tangga

- **Afrika** – Seorang ibu tiri yang cemburu mengirimkan kutukan melalui makanan; seorang saudara memanggil roh jahat terhadap saudaranya yang lebih sukses.
- **India & Nepal** – Para ibu mempersembahkan anak-anak mereka kepada dewa saat kelahiran; altar rumah digunakan untuk mengendalikan takdir.
- **Amerika Latin** – Brujeria atau Santeria yang dipraktikkan secara rahasia oleh kerabat untuk memanipulasi pasangan atau anak-anak.
- **Eropa** – Freemasonry tersembunyi atau sumpah gaib dalam garis keluarga; tradisi psikis atau spiritualis yang diwariskan.
- **Amerika Utara** – Orang tua Wiccan atau zaman baru "memberkati"

anak-anak mereka dengan kristal, pembersihan energi, atau tarot.

Kekuatan ini mungkin bersembunyi di balik kasih sayang keluarga, tetapi tujuan mereka adalah pengendalian, stagnasi, penyakit, dan perbudakan spiritual.

Kisah Nyata — Ayahku, Nabi Desa

Seorang perempuan dari Afrika Barat tumbuh besar di sebuah rumah di mana ayahnya adalah seorang nabi desa yang sangat dihormati. Bagi orang luar, ia adalah seorang pembimbing spiritual. Di balik pintu tertutup, ia mengubur jimat di kompleks dan berkorban demi keluarga yang mencari bantuan atau balas dendam.

Pola-pola aneh muncul dalam hidupnya: mimpi buruk yang berulang, hubungan yang gagal, dan penyakit yang tak terjelaskan. Ketika ia menyerahkan hidupnya kepada Kristus, ayahnya menentangnya, menyatakan bahwa ia tak akan pernah berhasil tanpa bantuan-Nya. Hidupnya berputar-putar selama bertahun-tahun.

Setelah berbulan-bulan berdoa dan berpuasa tengah malam, Roh Kudus membimbingnya untuk melepaskan segala ikatan jiwa dengan jubah gaib ayahnya. Ia mengubur kitab suci di dindingnya, membakar token-token tua, dan mengurapi ambang pintunya setiap hari. Perlahan, terobosan dimulai: kesehatannya pulih, mimpinya menjadi kenyataan, dan akhirnya ia menikah. Ia kini membantu perempuan lain yang menghadapi masalah rumah tangga.

Rencana Aksi — Menghadapi Roh yang Akrab

1. **Membedakan tanpa aib** – Mintalah kepada Tuhan untuk menyingkapkan kekuatan tersembunyi tanpa kebencian.
2. **Putuskan perjanjian jiwa** – Lepaskan setiap ikatan spiritual yang dibuat melalui ritual, altar, atau sumpah lisan.
3. **Terpisah secara rohani** – Sekalipun tinggal serumah, Anda dapat **memutuskan hubungan secara rohani** melalui doa.
4. **Sucikan tempat Anda** – Urapi setiap ruangan, benda, dan ambang pintu dengan minyak dan tulisan suci.

Alat Tulisan Suci

- *Mikha 7:5–7* – Jangan percaya kepada sesamamu
- *Mazmur 27:10* – "Sekalipun ayahku dan ibuku meninggalkan aku..."
- *Lukas 14:26* – Mengasihi Kristus lebih dari keluarga
- *2 Raja-raja 11:1–3* – Pembebasan tersembunyi dari ibu ratu yang pembunuh
- *Yesaya 54:17* – Senjata apa pun yang ditempa tidak akan berhasil

Aplikasi Grup

- Berbagi pengalaman ketika penentangan datang dari dalam keluarga.
- Berdoa memohon kebijaksanaan, keberanian, dan kasih dalam menghadapi penolakan dalam rumah tangga.
- Pimpin doa pelepasan dari setiap ikatan jiwa atau kutukan lisan yang dibuat oleh kerabat.

Peralatan Pelayanan:

- Minyak urapan
- Pernyataan pengampunan
- Doa pembebasan perjanjian
- Doa penutup Mazmur 91

Wawasan Utama

Garis keturunan bisa menjadi berkat atau medan perang. Anda dipanggil untuk menebusnya, bukan untuk dikuasai olehnya.

Jurnal Refleksi

- Pernahkah saya mendapat penentangan rohani dari seseorang yang dekat?
- Apakah ada seseorang yang perlu saya maafkan — meskipun mereka masih menjalankan praktik sihir?
- Apakah saya bersedia dipisahkan, bahkan jika itu mengorbankan hubungan?

Doa Pemisahan dan Perlindungan

Bapa, aku mengakui bahwa pertentangan terbesar dapat datang dari orang-orang terdekatku. Aku mengampuni setiap anggota keluarga yang secara sadar maupun tidak sadar bekerja melawan takdirku. Aku memutuskan setiap ikatan jiwa, kutukan, dan perjanjian yang dibuat melalui garis keturunan keluargaku yang tidak selaras dengan Kerajaan-Mu. Dengan darah Yesus, aku menguduskan rumahku dan menyatakan: aku dan seisi rumahku, kami akan melayani Tuhan. Amin.

HARI KE-21: ROH IZEBEL — RAYUAN, KONTROL, DAN MANIPULASI AGAMA

"Tetapi Aku mencela engkau, karena engkau membiarkan perempuan Izebel, yang menyebut dirinya nabiah, menyesatkan engkau dengan ajarannya..." — Wahyu 2:20

"Akhirnya akan datang dengan tiba-tiba, tanpa jalan keluar." — Amsal 6:15

Beberapa roh berteriak dari luar.

Izebel berbisik dari dalam.

Ia tidak hanya menggoda—ia **merebut, memanipulasi, dan merusak**, menghancurkan pelayanan, mencekik pernikahan, dan bangsa-bangsa tergoda oleh pemberontakan.

Apa itu Roh Izebel?

Roh Izebel:

- Meniru ramalan untuk menyesatkan
- Menggunakan pesona dan rayuan untuk mengendalikan
- Membenci otoritas sejati dan membungkam para nabi
- Menyembunyikan kesombongan di balik kerendahan hati yang palsu
- Sering melekat pada kepemimpinan atau orang-orang yang dekat dengannya

Semangat ini dapat bekerja melalui **pria atau wanita**, dan tumbuh subur di tempat yang kekuasaan, ambisi, atau penolakannya tidak terkendali dan tidak disembuhkan.

Manifestasi Global

- **Afrika** – Nabi palsu yang memanipulasi altar dan menuntut kesetiaan dengan rasa takut.

- **Asia** – Mistikus agama yang mencampurkan rayuan dengan penglihatan untuk mendominasi lingkaran spiritual.
- **Eropa** – Kultus dewi kuno dihidupkan kembali dalam praktik Zaman Baru dengan nama pemberdayaan.
- **Amerika Latin** – Pendeta Santeria mengendalikan keluarga melalui "nasihat spiritual."
- **Amerika Utara** – Influencer media sosial yang mempromosikan "feminitas ilahi" sambil mengejek kepatuhan, otoritas, atau kemurnian Alkitab.

Kisah Nyata: *Izebel yang Duduk di Altar*

Di sebuah negara Karibia, sebuah gereja yang berapi-api bagi Tuhan mulai meredup—perlahan, secara halus. Kelompok pendoa syafaat yang dulu berkumpul untuk doa tengah malam mulai bubar. Pelayanan pemuda terjerumus dalam skandal. Pernikahan di gereja mulai kandas, dan pendeta yang dulu berapi-api menjadi ragu-ragu dan lelah secara rohani.

Di tengah semua itu ada seorang wanita — **Suster R.** Cantik, karismatik, dan murah hati, ia dikagumi banyak orang. Ia selalu memiliki "firman dari Tuhan" dan impian tentang takdir setiap orang. Ia memberi dengan murah hati untuk proyek-proyek gereja dan mendapatkan tempat yang dekat dengan pendeta.

Di balik layar, ia secara halus **memfitnah perempuan lain**, merayu seorang pendeta muda, dan menabur benih perpecahan. Ia memposisikan dirinya sebagai otoritas spiritual sambil diam-diam merongrong kepemimpinan yang sebenarnya.

Suatu malam, seorang gadis remaja di gereja bermimpi dengan sangat jelas — ia melihat seekor ular melingkar di bawah mimbar, berbisik ke mikrofon. Karena ketakutan, ia menceritakan mimpinya kepada ibunya yang kemudian membawanya kepada pendeta.

Para pemimpin memutuskan untuk berpuasa selama **3 hari** untuk memohon bimbingan Tuhan. Pada hari ketiga, saat sesi doa, Suster R mulai menunjukkan perilaku yang sangat brutal. Ia mendesis, menjerit, dan menuduh orang lain melakukan sihir. Sebuah pembebasan yang dahsyat terjadi, dan ia mengaku: ia telah diinisiasi ke dalam sebuah ordo spiritual di akhir masa remajanya, yang bertugas **menyusup ke gereja-gereja untuk "mencuri api mereka".**

Dia sudah pernah ke **lima gereja** sebelum yang ini. Senjatanya tidak keras—melainkan **sanjungan, rayuan, pengendalian emosi**, dan manipulasi profetik.

Kini, gereja itu telah membangun kembali altarnya. Mimbarnya telah diresmikan kembali. Dan gadis remaja itu? Ia kini menjadi penginjil yang bersemangat dan memimpin gerakan doa perempuan.

Rencana Aksi — Cara Menghadapi Izebel

1. **Bertobatlah** atas segala bentuk manipulasi, pengendalian seksual, atau kesombongan rohani yang telah Anda lakukan.
2. **Kenali** ciri-ciri Izebel — sanjungan, pemberontakan, rayuan, nubuat palsu.
3. **Putuskanlah ikatan jiwa** dan persekutuan yang tidak suci dalam doa — terutama dengan siapa pun yang menjauhkan Anda dari suara Tuhan.
4. **Nyatakan otoritasmu** di dalam Kristus. Izebel takut pada mereka yang tahu siapa mereka.

Gudang Kitab Suci:

- 1 Raja-raja 18–21 – Izebel vs Elia
- Wahyu 2:18–29 – Peringatan Kristus kepada Tiatira
- Amsal 6:16–19 – Apa yang dibenci Allah
- Galatia 5:19–21 – Perbuatan daging

Aplikasi Grup

- Diskusi: Pernahkah Anda menyaksikan manipulasi spiritual? Bagaimana cara manipulasi tersebut menyamar?
- Sebagai sebuah kelompok, nyatakan kebijakan "tidak ada toleransi" terhadap Izebel — di gereja, rumah, atau kepemimpinan.
- Bila perlu, lakukan **doa pembebasan** atau puasa untuk mematahkan pengaruhnya.

- Dedikasikan kembali pelayanan atau altar apa pun yang telah dikompromikan.

Sarana Pelayanan:

Gunakan minyak urapan. Ciptakan ruang untuk pengakuan dosa dan pengampunan. Nyanyikan lagu-lagu penyembahan yang menyatakan **Ketuhanan Yesus.**

Wawasan Utama

Izebel tumbuh subur di tempat **yang minim kebijaksanaan** dan **tinggi toleransi**. Kekuasaannya berakhir ketika otoritas spiritual bangkit.

Jurnal Refleksi

- Apakah saya membiarkan manipulasi menuntun saya?
- Apakah ada orang atau pengaruh yang telah saya angkat melebihi suara Tuhan?
- Apakah saya membungkam suara kenabian saya karena takut atau terkendali?

Doa Pembebasan

Tuhan Yesus, aku menolak segala persekutuan dengan roh Izebel. Aku menolak rayuan, kendali, nubuat palsu, dan manipulasi. Bersihkan hatiku dari kesombongan, ketakutan, dan kompromi. Kuambil kembali otoritasku. Biarlah setiap altar yang dibangun Izebel dalam hidupku dirobohkan. Kududukkan-Mu, Yesus, sebagai Tuhan atas hubungan, panggilan, dan pelayananku. Penuhi aku dengan kebijaksanaan dan keberanian. Dalam nama-Mu, Amin.

HARI KE-22: PITON DAN DOA — MEMATAHKAN SEMANGAT PENGEKATAN

"*Pada suatu hari ketika kami pergi ke tempat sembahyang, kami bertemu dengan seorang hamba perempuan yang kerasukan roh ular piton...*" — Kisah Para Rasul 16:16

"*Engkau akan menginjak singa dan ular beludak...*" — Mazmur 91:13

Ada roh yang tak menggigit—ia **meremas**.

Ia mencekik apimu. Ia melilit kehidupan doamu, napasmu, ibadahmu, disiplinmu—hingga kau mulai menyerah pada apa yang pernah memberimu kekuatan.

Inilah roh **Python** — kekuatan jahat yang **menghambat pertumbuhan rohani, menunda takdir, mencekik doa, dan memalsukan nubuat**.

Manifestasi Global

- **Afrika** – Roh ular piton muncul sebagai kekuatan kenabian palsu, yang beroperasi di kuil-kuil laut dan hutan.
- **Asia** – Roh ular disembah sebagai dewa yang harus diberi makan atau ditenangkan.
- **Amerika Latin** – Altar ular Santeria digunakan untuk kekayaan, nafsu, dan kekuasaan.
- **Eropa** – Simbol ular dalam ilmu sihir, ramalan, dan lingkaran psikis.
- **Amerika Utara** – Suara-suara "kenabian" palsu yang berakar pada pemberontakan dan kebingungan spiritual.

Kesaksian: *Gadis yang Tidak Bisa Bernapas*

Marisol dari Kolombia mulai mengalami sesak napas setiap kali ia berlutut untuk berdoa. Dadanya terasa sesak. Mimpinya dipenuhi gambar ular, melilit lehernya atau hinggap di bawah tempat tidurnya. Dokter tidak menemukan masalah medis apa pun.

Suatu hari, neneknya mengakui bahwa Marisol telah "dibaktikan" kepada roh gunung yang dikenal berwujud ular sejak kecil. Roh itu memang "**roh pelindung**", tetapi ada harganya.

Dalam sebuah pertemuan pembebasan, Marisol mulai berteriak keras ketika tangan-tangan diletakkan di atasnya. Ia merasakan sesuatu bergerak di perutnya, naik ke dadanya, lalu keluar dari mulutnya seperti udara yang dikeluarkan.

Setelah pertemuan itu, sesak napasnya berakhir. Mimpinya berubah. Ia mulai memimpin pertemuan doa — sesuatu yang dulu coba dicekik oleh musuh.

Tanda-tanda Anda Mungkin Berada di Bawah Pengaruh Roh Ular Piton

- Kelelahan dan rasa berat setiap kali mencoba berdoa atau beribadah
- Kebingungan kenabian atau mimpi yang menipu
- Perasaan terus-menerus tercekik, terhalang, atau terikat
- Depresi atau putus asa tanpa sebab yang jelas
- Hilangnya keinginan atau motivasi spiritual

Rencana Aksi – Memutus Penyempitan

1. **Bertaubatlah** atas segala keterlibatan dengan ilmu gaib, paranormal, atau leluhur.
2. **Nyatakan tubuh dan jiwamu sebagai milik Tuhan semata.**
3. **Puasa dan perang** menggunakan Yesaya 27:1 dan Mazmur 91:13.
4. **Urapi tenggorokan, dada, dan kaki Anda** — klaim kebebasan untuk berbicara, bernapas, dan berjalan dalam kebenaran.

Ayat-ayat Pembebasan:

- Kisah Para Rasul 16:16–18 – Paulus mengusir roh ular piton
- Yesaya 27:1 – Tuhan menghukum Leviathan, si ular yang melarikan diri

- Mazmur 91 – Perlindungan dan otoritas
- Lukas 10:19 – Kuasa menginjak ular dan kalajengking

APLIKASI GRUP

- Tanyakan: Apa yang menghambat kehidupan doa kita — secara pribadi dan bersama?
- Pimpin doa pernapasan kelompok — nyatakan **napas Tuhan** (Ruach) atas setiap anggota.
- Hancurkan setiap pengaruh kenabian palsu atau tekanan seperti ular dalam ibadah dan syafaat.

Peralatan Pelayanan: Beribadah dengan seruling atau alat musik tiup, pemotongan tali secara simbolis, selendang doa agar bernapas bebas.

Wawasan Utama

Roh Piton mencekik apa yang Tuhan ingin lahirkan. Ia harus dilawan untuk memulihkan napas dan keberanianmu.

Jurnal Refleksi

- Kapan terakhir kali saya merasa benar-benar bebas dalam berdoa?
- Apakah ada tanda-tanda kelelahan rohani yang selama ini saya abaikan?
- Apakah saya tanpa sadar telah menerima "nasihat rohani" yang justru membawa lebih banyak kebingungan?

Doa Pembebasan

Bapa, dalam nama Yesus, aku mematahkan setiap roh yang mengekang yang ditugaskan untuk mencekik tujuanku. Aku menolak roh ular piton dan semua suara kenabian palsu. Aku menerima napas Roh-Mu dan menyatakan: Aku akan bernapas lega, berdoa dengan berani, dan berjalan dengan benar. Setiap ular yang melilit hidupku telah dipotong dan diusir. Aku menerima pembebasan sekarang. Amin.

HARI KE-23: TAHTA KEJAHATAN — MERUNTUHKAN BENTENG-BENTENG WILAYAH

"*Akankah takhta kejahatan, yang merancang kejahatan dengan hukum, bersekutu dengan Engkau?*" — Mazmur 94:20

"*Karena perjuangan kita bukanlah melawan darah dan daging, tetapi melawan... penguasa-penguasa kegelapan...*" — Efesus 6:12

Ada **takhta-takhta tak kasatmata** — yang didirikan di kota-kota, negara-negara, keluarga-keluarga, dan sistem-sistem — tempat kekuatan-kekuatan jahat **memerintah secara sah** melalui perjanjian-perjanjian, perundang-undangan, penyembahan berhala, dan pemberontakan yang berkepanjangan.

Ini bukan serangan acak. Ini adalah **otoritas yang bertahta**, berakar kuat dalam struktur yang melanggengkan kejahatan lintas generasi.

Sampai takhta-takhta ini **dibongkar secara rohani**, siklus kegelapan akan tetap ada — tidak peduli seberapa banyak doa yang dipanjatkan di tingkat permukaan.

Benteng dan Tahta Global

- **Afrika** – Tahta sihir dalam garis keturunan kerajaan dan dewan tradisional.
- **Eropa** – Tahta sekularisme, freemasonry, dan pemberontakan yang dilegalkan.
- **Asia** – Tahta penyembahan berhala di kuil leluhur dan dinasti politik.
- **Amerika Latin** – Tahta teror narkoba, kultus kematian, dan korupsi.
- **Amerika Utara** – Tahta penyimpangan, aborsi, dan penindasan rasial.

Singgasana ini memengaruhi keputusan, menekan kebenaran, dan **melahap takdir**.

Kesaksian: *Pembebasan Seorang Anggota Dewan Kota*

Di sebuah kota di Afrika Selatan, seorang anggota dewan Kristen yang baru terpilih mendapati setiap pejabat sebelumnya telah menjadi gila, bercerai, atau meninggal mendadak.

Setelah berdoa berhari-hari, Tuhan menurunkan sebuah **takhta pengorbanan darah** yang terkubur di bawah gedung pemerintahan. Seorang peramal setempat telah lama menanam jimat sebagai bagian dari klaim teritorial.

Anggota dewan mengumpulkan para pendoa syafaat, berpuasa, dan beribadah pada tengah malam di dalam ruang sidang. Selama tiga malam, para staf melaporkan adanya jeritan aneh di dinding, dan listrik padam.

Dalam seminggu, pengakuan mulai bermunculan. Kontrak-kontrak korup terbongkar, dan dalam beberapa bulan, layanan publik membaik. Takhta pun jatuh.

Rencana Aksi – Melengserkan Kegelapan

1. **Kenali tahta** — mintalah Tuhan untuk menunjukkan kepadamu benteng teritorial di kotamu, kantormu, garis keturunanmu, atau daerahmu.
2. **Bertobatlah atas nama tanah** (syafaat ala Daniel 9).
3. **Beribadahlah secara strategis** — takhta akan runtuh ketika kemuliaan Tuhan mengambil alih (lihat 2 Taw. 20).
4. **Nyatakan nama Yesus** sebagai satu-satunya Raja sejati atas wilayah itu.

Ayat Jangkar:

- Mazmur 94:20 – Tahta kejahatan
- Efesus 6:12 – Pemerintah dan penguasa
- Yesaya 28:6 – Roh keadilan bagi mereka yang berperang
- 2 Raja-raja 23 – Yosia menghancurkan altar dan takhta penyembah berhala

KETERLIBATAN KELOMPOK

- Lakukan sesi "peta spiritual" di lingkungan atau kota Anda.
- Tanyakan: Apa saja siklus dosa, penderitaan, atau penindasan di sini?
- Tunjuk "penjaga" untuk berdoa setiap minggu di lokasi-lokasi gerbang utama: sekolah, pengadilan, pasar.
- Kelompok pemimpin mengeluarkan keputusan terhadap para penguasa rohani dengan menggunakan Mazmur 149:5–9.

Peralatan Pelayanan: Shofar, peta kota, minyak zaitun untuk pengudusan tanah, panduan doa berjalan.

Wawasan Utama

Jika Anda ingin melihat transformasi di kota Anda, **Anda harus menantang tahta di balik sistem** — bukan hanya wajah di depannya.

Jurnal Refleksi

- Apakah ada pertempuran berulang di kota atau keluarga saya yang terasa lebih besar dari saya?
- Apakah saya mewarisi pertempuran melawan takhta yang tidak saya duduki?
- "Penguasa" mana yang perlu disingkirkan dalam doa?

Doa Perang

Ya Tuhan, singkapkanlah setiap takhta kejahatan yang menguasai wilayahku. Kunyatakan nama Yesus sebagai satu-satunya Raja! Biarlah setiap altar, hukum, perjanjian, atau kuasa kegelapan yang tersembunyi dilenyapkan oleh api. Kuambil tempatku sebagai pendoa syafaat. Dengan darah Anak Domba dan perkataan kesaksianku, kurobohkan takhta-takhta dan kududukkan Kristus di atas rumah, kota, dan bangsaku. Dalam nama Yesus. Amin.

HARI KE-24: FRAGMEN JIWA — KETIKA SEBAGIAN DIRIMU HILANG

"Dia menyegarkan jiwaku..." — Mazmur 23:3

"Aku akan menyembuhkan luka-lukamu, demikianlah firman Tuhan, karena engkau disebut orang buangan..." — Yeremia 30:17

Trauma punya cara untuk menghancurkan jiwa. Kekerasan. Penolakan. Pengkhianatan. Ketakutan yang tiba-tiba. Duka yang berkepanjangan. Pengalaman-pengalaman ini tak hanya meninggalkan kenangan — tetapi juga **menghancurkan jati diri Anda**.

Banyak orang tampak utuh, tetapi hidup dengan **bagian-bagian diri mereka yang hilang**. Kebahagiaan mereka terpecah-pecah. Identitas mereka tercerai-berai. Mereka terjebak dalam zona waktu emosional—sebagian dari diri mereka terjebak dalam masa lalu yang menyakitkan, sementara tubuh terus menua.

Ini adalah **pecahan jiwa** — bagian dari diri Anda yang emosional, psikologis, dan spiritual yang hancur karena trauma, campur tangan setan, atau manipulasi ilmu sihir.

Sampai potongan-potongan itu dikumpulkan, disembuhkan, dan disatukan kembali melalui Yesus, **kebebasan sejati tetap sulit dipahami**.

Praktik Pencurian Jiwa Global

- **Afrika** – Dukun menangkap "esensi" orang dalam toples atau cermin.
- **Asia** – Ritual penjebakan jiwa oleh guru atau praktisi tantra.
- **Amerika Latin** – Pemisahan jiwa secara perdukunan untuk pengendalian atau kutukan.
- **Eropa** – Sihir cermin gaib yang digunakan untuk merusak identitas atau mencuri perhatian.
- **Amerika Utara** – Trauma akibat pelecehan, aborsi, atau kebingungan

identitas sering kali menimbulkan luka jiwa yang dalam dan perpecahan.

Cerita: *Gadis yang Tidak Bisa Merasa*

Andrea, seorang perempuan berusia 25 tahun dari Spanyol, telah mengalami pelecehan seksual bertahun-tahun dari seorang anggota keluarga. Meskipun telah menerima Yesus, ia tetap mati rasa secara emosional. Ia tidak bisa menangis, mengasihi, atau berempati.

Seorang pendeta yang berkunjung menanyakan pertanyaan aneh kepadanya: "Di mana kau tinggalkan sukacitamu?" Saat Andrea memejamkan mata, ia teringat saat ia berusia 9 tahun, meringkuk di dalam lemari, berkata pada dirinya sendiri, "Aku takkan pernah merasakannya lagi."

Mereka berdoa bersama. Andrea mengampuni, melepaskan janji batin, dan mengundang Yesus ke dalam kenangan khusus itu. Ia menangis tersedu-sedu untuk pertama kalinya setelah bertahun-tahun. Hari itu, **jiwanya dipulihkan**.

Rencana Aksi – Pemulihan dan Penyembuhan Jiwa

1. Tanyakan kepada Roh Kudus: *Di mana saya kehilangan sebagian dari diri saya?*
2. Maafkanlah siapa pun yang terlibat pada saat itu, dan **batalkan janji batin** seperti, "Aku tidak akan pernah percaya lagi."
3. Undang Yesus ke dalam ingatan, dan ucapkan penyembuhan pada saat itu.
4. Berdoa: *"Tuhan, pulihkan jiwaku. Aku memanggil setiap bagian diriku untuk kembali dan disempurnakan."*

Ayat-ayat Kunci:

- Mazmur 23:3 – Dia menyegarkan jiwa
- Lukas 4:18 – Menyembuhkan orang yang patah hati
- 1 Tesalonika 5:23 – Roh, jiwa, dan tubuh dipelihara
- Yeremia 30:17 – Penyembuhan bagi orang buangan dan luka-luka

Aplikasi Grup

- Pimpin anggota melalui **sesi doa penyembuhan batin yang dipandu**.
- Tanyakan: *Apakah ada saat-saat dalam hidup Anda di mana Anda berhenti percaya, merasakan, atau bermimpi?*
- Bermain peran "kembali ke ruangan itu" bersama Yesus dan melihat Dia menyembuhkan lukanya.
- Mintalah pemimpin yang tepercaya untuk meletakkan tangan dengan lembut di atas kepala dan menyatakan pemulihan jiwa.

Peralatan Pelayanan: Musik penyembahan, pencahayaan lembut, tisu, dan tulisan jurnal.

Wawasan Utama

Pembebasan bukan sekadar mengusir setan. Melainkan **mengumpulkan kembali kepingan-kepingan yang hancur dan memulihkan identitas**.

Jurnal Refleksi

- Peristiwa traumatis apa yang masih mengendalikan cara saya berpikir atau merasa saat ini?
- Pernahkah aku berkata, "Aku tidak akan pernah mencintai lagi," atau "Aku tidak bisa mempercayai siapa pun lagi"?
- Seperti apakah "keutuhan" bagi saya — dan apakah saya siap untuk itu?

DOA PEMULIHAN

Yesus, Engkaulah Gembala jiwaku. Kubawa Engkau ke setiap tempat di mana aku pernah hancur—oleh rasa takut, malu, sakit, atau pengkhianatan. Kuingkari setiap sumpah dan kutukan batin yang terucap dalam trauma. Kuampuni mereka yang melukaiku. Kini, kupanggil setiap bagian jiwaku untuk kembali. Pulihkan aku sepenuhnya—roh, jiwa, dan raga. Aku tidak hancur selamanya. Aku utuh di dalam-Mu. Dalam nama Yesus. Amin.

HARI KE-25: KUTUKAN ANAK-ANAK ANEH — KETIKA TAKDIR DITUKAR SAAT LAHIR

"*Anak-anak mereka adalah anak-anak yang asing; sekarang bulan akan melahap mereka dengan bagian-bagian mereka.*" — Hosea 5:7

"*Sebelum Aku membentuk engkau dalam rahim ibumu, Aku telah mengenal engkau...*" — Yeremia 1:5

Tidak semua anak yang lahir di sebuah rumah tangga ditakdirkan untuk rumah tangga itu.

Tidak semua anak yang membawa DNA Anda membawa warisan Anda.

Musuh telah lama menggunakan **kelahiran sebagai medan perang** — bertukar takdir, menanam keturunan palsu, memasukkan bayi ke dalam perjanjian gelap, dan merusak rahim bahkan sebelum pembuahan dimulai.

Ini bukan sekadar masalah fisik. Ini adalah **transaksi spiritual** — yang melibatkan altar, kurban, dan legalitas iblis.

Apa Itu Anak Aneh?

"Anak-anak aneh" adalah:

- Anak-anak yang lahir melalui pengabdian gaib, ritual, atau perjanjian seksual.
- Keturunan tertukar saat lahir (baik secara rohani maupun fisik).
- Anak-anak yang membawa tugas gelap ke dalam keluarga atau garis keturunan.
- Jiwa yang ditangkap di dalam rahim melalui ilmu sihir, ilmu hitam, atau altar generasi.

Banyak anak tumbuh dalam pemberontakan, kecanduan, kebencian terhadap orang tua atau diri sendiri — bukan hanya karena pola asuh yang buruk tetapi juga karena **siapa yang menuntut mereka secara rohani saat lahir**.

EKSPRESI GLOBAL

- **Afrika** – Pertukaran spiritual di rumah sakit, polusi rahim melalui roh laut atau ritual seks.
- **India** – Anak-anak diinisiasi ke kuil atau takdir berdasarkan karma sebelum lahir.
- **Haiti & Amerika Latin** – Persembahan Santeria, anak-anak yang dikandung di altar atau setelah mantra.
- **Negara-negara Barat** – Praktik bayi tabung dan ibu pengganti terkadang dikaitkan dengan kontrak gaib atau garis keturunan donor; aborsi yang membiarkan pintu-pintu spiritual terbuka.
- **Budaya Adat di Seluruh Dunia** – Upacara penamaan roh atau pemindahan identitas totemik.

Cerita: *Bayi dengan Roh yang Salah*

Clara, seorang perawat dari Uganda, menceritakan bagaimana seorang perempuan membawa bayinya yang baru lahir ke pertemuan doa. Bayi itu terus-menerus menangis, menolak susu, dan bereaksi keras terhadap doa.

Sebuah firman nubuat mengungkapkan bahwa bayi itu telah "dipertukarkan" dalam roh saat lahir. Sang ibu mengaku seorang dukun telah berdoa di atas perutnya saat ia sangat menginginkan seorang anak.

Berkat pertobatan dan doa pembebasan yang khusyuk, bayi itu lemas, lalu tenang. Anak itu kemudian tumbuh dengan baik — menunjukkan tanda-tanda pemulihan kedamaian dan perkembangan.

Tidak semua penderitaan pada anak bersifat alami. Beberapa merupakan **bawaan sejak pembuahan**.

Rencana Aksi – Merebut Kembali Takdir Rahim

1. Jika Anda seorang orangtua, **persembahkan kembali anak Anda kepada Yesus Kristus**.

2. Tolak segala kutukan, dedikasi, atau perjanjian prenatal — bahkan yang dibuat tanpa disadari oleh leluhur.
3. Berbicaralah langsung kepada roh anak Anda dalam doa: *"Kamu milik Tuhan. Takdirmu telah dipulihkan."*
4. Jika tidak punya anak, berdoalah atas rahimmu, tolak semua bentuk manipulasi atau gangguan spiritual.

Ayat-ayat Kunci:

- Hosea 9:11–16 – Penghakiman atas benih asing
- Yesaya 49:25 – Berjuang untuk anak-anakmu
- Lukas 1:41 – Anak-anak yang dipenuhi Roh Kudus sejak dalam kandungan
- Mazmur 139:13–16 – Rencana Tuhan yang disengaja di dalam rahim

Keterlibatan Kelompok

- Mintalah orang tua membawa nama atau foto anak-anak mereka.
- Nyatakan di atas setiap nama: "Identitas anakmu dipulihkan. Setiap tangan yang asing terpotong."
- Berdoa untuk pembersihan rahim rohani bagi semua wanita (dan pria sebagai pembawa benih rohani).
- Gunakan komuni untuk melambangkan pemulihan takdir garis keturunan.

Peralatan Pelayanan: Komuni, minyak urapan, nama-nama tercetak atau perlengkapan bayi (opsional).

Wawasan Utama

Setan mengincar rahim karena **di sanalah para nabi, pejuang, dan takdir dibentuk**. Namun, setiap anak dapat dipulihkan melalui Kristus.

Jurnal Refleksi

- Pernahkah saya bermimpi aneh selama hamil atau setelah melahirkan?
- Apakah anak-anak saya berjuang dengan cara yang tampaknya tidak

wajar?
- Apakah saya siap menghadapi asal usul spiritual dari pemberontakan atau penundaan generasi?

Doa Pemulihan

Bapa, kubawa rahimku, benihku, dan anak-anakku ke altar-Mu. Aku bertobat atas setiap pintu—yang kukenal maupun tak kukenal—yang memberi jalan masuk bagi musuh. Kupatahkan setiap kutukan, pengabdian, dan tugas iblis yang terikat pada anak-anakku. Kuucapkan atas mereka: Engkau kudus, terpilih, dan dimeteraikan untuk kemuliaan Allah. Takdir-Mu telah ditebus. Dalam nama Yesus. Amin.

HARI KE-26: ALTAR KEKUASAAN TERSEMBUNYI — MEMBEBASKAN DIRI DARI PERJANJIAN OKULTIS ELIT

"Kemudian Iblis membawa Yesus ke atas gunung yang sangat tinggi dan memperlihatkan kepada-Nya semua kerajaan dunia dan kemuliaannya. Katanya, 'Semua ini akan kuberikan kepada-Mu, asal Engkau sujud menyembah aku.'" — Matius 4:8–9

Banyak yang mengira kekuatan setan hanya ditemukan dalam ritual-ritual gelap atau desa-desa gelap. Namun, beberapa perjanjian paling berbahaya tersembunyi di balik setelan jas mewah, klub-klub elit, dan pengaruh lintas generasi.

Ini adalah **altar kekuasaan** — dibentuk oleh sumpah darah, inisiasi, simbol rahasia, dan janji lisan yang mengikat individu, keluarga, dan bahkan seluruh bangsa pada kekuasaan Lucifer. Dari Freemasonry hingga ritus Kabbalistik, dari inisiasi bintang Timur hingga sekolah misteri Mesir dan Babilonia kuno — mereka menjanjikan pencerahan tetapi memberikan perbudakan.

Koneksi Global

- **Eropa & Amerika Utara** – Freemasonry, Rosicrucianisme, Ordo Fajar Emas, Skull & Bones, Bohemian Grove, inisiasi Kabbalah.
- **Afrika** – Pakta darah politik, tawar-menawar roh leluhur untuk kekuasaan, aliansi sihir tingkat tinggi.
- **Asia** – Masyarakat yang tercerahkan, perjanjian roh naga, dinasti garis keturunan yang terkait dengan sihir kuno.
- **Amerika Latin** – Santeria politik, perlindungan ritual terkait kartel, pakta yang dibuat untuk kesuksesan dan kekebalan.
- **Timur Tengah** – Ritual Babilonia Kuno dan Asyur yang diwariskan dengan kedok agama atau kerajaan.

Kesaksian – Cucu Seorang Freemason Menemukan Kebebasan

Carlos, yang dibesarkan dalam keluarga berpengaruh di Argentina, tidak pernah tahu bahwa kakeknya telah mencapai tingkat ke-33 Freemasonry. Manifestasi-manifestasi aneh telah menghantui hidupnya — kelumpuhan tidur, sabotase hubungan, dan ketidakmampuan yang terus-menerus untuk maju, sekeras apa pun ia berusaha.

Setelah menghadiri ajaran pembebasan yang mengungkap hubungan okultisme elit, ia mengkaji sejarah keluarganya dan menemukan regalia Masonik serta jurnal-jurnal tersembunyi. Saat berpuasa tengah malam, ia meninggalkan semua perjanjian darah dan menyatakan kebebasan di dalam Kristus. Minggu itu juga, ia menerima terobosan pekerjaan yang telah dinantikannya selama bertahun-tahun.

Altar tingkat tinggi menimbulkan pertentangan tingkat tinggi — tetapi **darah Yesus** berbicara lebih keras daripada sumpah atau ritual apa pun.

Rencana Aksi – Mengungkap Pondok Tersembunyi

1. **Selidiki** : Apakah ada afiliasi masonik, esoterik, atau rahasia dalam garis keturunan Anda?
2. **Tolak** setiap perjanjian yang diketahui dan tidak diketahui dengan menggunakan deklarasi berdasarkan Matius 10:26–28.
3. **Bakar atau singkirkan** semua simbol okultisme: piramida, mata yang melihat segalanya, kompas, obelisk, cincin, atau jubah.
4. **Berdoa dengan suara keras** :

"Saya melanggar setiap perjanjian tersembunyi dengan perkumpulan rahasia, aliran sesat, dan persaudaraan palsu. Saya hanya melayani Tuhan Yesus Kristus."

Aplikasi Grup

- Mintalah anggota untuk menuliskan setiap hubungan dengan kelompok okultisme elit yang diketahui atau diduga.
- Pimpin **tindakan simbolis untuk memutus hubungan** — merobek kertas, membakar gambar, atau mengurapi dahi mereka sebagai tanda perpisahan.
- Gunakan **Mazmur 2** untuk menyatakan penghentian konspirasi

nasional dan keluarga terhadap orang yang diurapi Tuhan.

Wawasan Utama
Cengkeraman terbesar Setan seringkali terselubung dalam kerahasiaan dan gengsi. Kebebasan sejati dimulai ketika Anda menyingkapkan, meninggalkan, dan menggantikan altar-altar itu dengan penyembahan dan kebenaran.

Jurnal Refleksi

- Apakah saya mewarisi kekayaan, kekuasaan, atau kesempatan yang terasa "tidak sesuai" secara spiritual?
- Apakah ada hubungan rahasia dalam leluhur saya yang saya abaikan?
- Berapa biaya yang harus saya keluarkan untuk memutus akses kekuasaan yang tidak saleh — dan apakah saya bersedia?

Doa Pembebasan
Bapa, aku keluar dari setiap pondok, altar, dan perjanjian tersembunyi—atas namaku atau atas nama garis keturunanku. Aku memutuskan setiap ikatan jiwa, setiap ikatan darah, dan setiap sumpah yang kuucapkan, sadar atau tidak. Yesus, Engkaulah satu-satunya Terangku, satu-satunya Kebenaranku, dan satu-satunya penutupku. Biarlah api-Mu membakar habis setiap ikatan tak beriman dengan kekuasaan, pengaruh, atau tipu daya. Aku menerima kebebasan penuh, dalam nama Yesus. Amin.

HARI KE-27: ALIANSI YANG TIDAK SUCI — FREEMASONRY, ILLUMINATI & INFILTRASI SPIRITUAL

"*Jangan terlibat dalam perbuatan-perbuatan kegelapan yang sia-sia, tetapi singkapkanlah semuanya itu.*" — Efesus 5:11

"*Kamu tidak dapat minum dari cawan Tuhan dan juga dari cawan roh-roh jahat.*" — 1 Korintus 10:21

Ada perkumpulan rahasia dan jaringan global yang menampilkan diri sebagai organisasi persaudaraan yang tidak berbahaya—menawarkan amal, koneksi, atau pencerahan. Namun, di balik itu semua, tersimpan sumpah yang lebih dalam, ritual darah, ikatan jiwa, dan lapisan-lapisan doktrin Luciferian yang terselubung "cahaya".

Freemasonry, Illuminati, Eastern Star, Skull and Bones, dan jaringan-jaringan saudaranya bukan sekadar klub sosial. Mereka adalah altar kesetiaan—beberapa di antaranya telah ada sejak berabad-abad lalu—yang dirancang untuk menyusup secara spiritual ke dalam keluarga, pemerintahan, dan bahkan gereja.

Jejak Global

- **Amerika Utara & Eropa** – Kuil Freemasonry, pondok Ritus Skotlandia, Skull & Bones Yale.
- **Afrika** – Inisiasi politik dan kerajaan dengan ritual masonik, pakta darah untuk perlindungan atau kekuasaan.
- **Asia** – Sekolah Kabbalah berkedok pencerahan mistik, ritual monastik rahasia.
- **Amerika Latin** – Ordo elite tersembunyi, Santeria bergabung dengan pengaruh elite dan pakta darah.
- **Timur Tengah** – Masyarakat rahasia Babilonia kuno yang terikat

pada struktur kekuasaan dan penyembahan cahaya palsu.

JARINGAN INI SERING kali:

- Memerlukan sumpah darah atau lisan.
- Gunakan simbol-simbol gaib (kompas, piramida, mata).
- Melaksanakan upacara untuk memohon atau mempersembahkan jiwa seseorang kepada suatu ordo.
- Memberikan pengaruh atau kekayaan dengan imbalan kendali spiritual.

Kesaksian – Pengakuan Seorang Uskup

Seorang uskup di Afrika Timur mengaku di hadapan gerejanya bahwa ia pernah bergabung dengan Freemasonry pada tingkat rendah semasa kuliah — hanya untuk "koneksi". Namun, seiring naik pangkatnya, ia mulai melihat persyaratan-persyaratan aneh: sumpah diam, upacara-upacara dengan penutup mata dan simbol-simbol, serta "cahaya" yang membuat kehidupan doanya dingin. Ia berhenti bermimpi. Ia tidak bisa membaca Kitab Suci.

Setelah bertobat dan secara terbuka mencela setiap pangkat dan sumpah, kabut rohani terangkat. Kini, ia mewartakan Kristus dengan berani, menyingkapkan apa yang pernah ia ikuti. Rantai-rantai itu tak terlihat—hingga akhirnya dipatahkan.

Rencana Aksi – Mematahkan Pengaruh Freemasonry & Masyarakat Rahasia

1. **Identifikasi** keterlibatan pribadi atau keluarga dengan Freemasonry, Rosicrucianisme, Kabbalah, Skull and Bones, atau ordo rahasia serupa.
2. **Lepaskan setiap tingkat atau derajat inisiasi**, dari tingkat 1 hingga 33 atau lebih tinggi, termasuk semua ritual, tanda, dan sumpah. (Anda dapat menemukan panduan pelepasan diri secara daring.)
3. **Berdoa dengan penuh otoritas**:

"Aku memutuskan semua ikatan jiwa, perjanjian darah, dan sumpah yang dibuat untuk perkumpulan rahasia — olehku atau atas namaku. Aku merebut kembali jiwaku untuk Yesus Kristus!"

1. **Hancurkan benda-benda simbolis** : perhiasan, buku, sertifikat, cincin, atau bingkai foto.
2. **Nyatakan** kebebasan menggunakan:
    - *Galatia 5:1*
    - *Mazmur 2:1–6*
    - *Yesaya 28:15–18*

Aplikasi Grup

- Mintalah kelompok tersebut untuk menutup mata dan meminta Roh Kudus untuk mengungkapkan afiliasi rahasia atau ikatan keluarga apa pun.
- Penolakan korporat: memanjatkan doa untuk mencela setiap ikatan yang diketahui maupun tidak diketahui dengan ordo elit.
- Gunakan perjamuan kudus untuk menutup keretakan dan menyelaraskan kembali perjanjian dengan Kristus.
- Mengurapi kepala dan tangan — memulihkan kejernihan pikiran dan pekerjaan suci.

Wawasan Utama

Apa yang dunia sebut "elit", mungkin Tuhan sebut kekejian. Tidak semua pengaruh itu suci — dan tidak semua terang adalah Terang. Tidak ada kerahasiaan yang tidak berbahaya ketika menyangkut sumpah rohani.

Jurnal Refleksi

- Apakah saya pernah menjadi bagian dari, atau penasaran dengan, ordo rahasia atau kelompok pencerahan mistik?
- Apakah ada bukti kebutaan rohani, stagnasi, atau dinginnya iman saya?
- Apakah saya perlu menghadapi keterlibatan keluarga dengan keberanian dan keanggunan?

Doa Kebebasan

Tuhan Yesus, aku datang di hadapan-Mu sebagai satu-satunya Terang sejati. Aku meninggalkan setiap ikatan, setiap sumpah, setiap terang palsu, dan setiap ordo tersembunyi yang mengklaimku. Aku memutuskan hubungan dengan Freemasonry, perkumpulan rahasia, persaudaraan kuno, dan setiap ikatan spiritual yang terkait dengan kegelapan. Aku menyatakan bahwa aku berada di bawah darah Yesus saja — dimeteraikan, dibebaskan, dan bebas. Biarlah Roh-Mu membakar habis semua sisa perjanjian ini. Dalam nama Yesus, amin.

HARI KE-28: KABBALAH, JARINGAN ENERGI & DAYA Pikat "CAHAYA" MISTIK

"*Karena Iblis sendiri menyamar sebagai malaikat Terang.*" — 2 Korintus 11:14

"*Terang yang ada padamu adalah kegelapan—betapa pekatnya kegelapan itu!*" — Lukas 11:35

Di era yang terobsesi dengan pencerahan spiritual, banyak orang tanpa sadar menyelami praktik-praktik Kabbalistik kuno, penyembuhan energi, dan ajaran cahaya mistis yang berakar pada doktrin-doktrin okultisme. Ajaran-ajaran ini sering kali menyamar sebagai "mistisisme Kristen", "kearifan Yahudi", atau "spiritualitas berbasis sains" — padahal sebenarnya berasal dari Babilonia, bukan Sion.

Kabbalah bukan sekadar sistem filsafat Yahudi; ia adalah matriks spiritual yang dibangun di atas kode-kode rahasia, emanasi ilahi (Sefirot), dan jalur-jalur esoteris. Tipuan menggoda yang sama juga ada di balik tarot, numerologi, portal zodiak, dan kisi-kisi Zaman Baru.

Banyak selebritis, orang berpengaruh, dan tokoh bisnis mengenakan tali merah, bermeditasi dengan energi kristal, atau mengikuti Zohar tanpa mengetahui bahwa mereka tengah terlibat dalam sistem jebakan spiritual yang tak kasatmata.

Keterikatan Global

- **Amerika Utara** – Pusat Kabbalah yang disamarkan sebagai ruang kesehatan; meditasi energi terpandu.
- **Eropa** – Kabbalah Druid dan Kristen esoterik diajarkan dalam ordo rahasia.
- **Afrika** – Kultus kemakmuran yang mencampurkan kitab suci dengan

numerologi dan portal energi.
- **Asia** – Penyembuhan cakra diubah namanya menjadi "aktivasi cahaya" yang selaras dengan kode universal.
- **Amerika Latin** – Orang-orang suci bercampur dengan malaikat agung Kabbalistik dalam Katolikisme mistik.

Inilah godaan cahaya palsu — di mana pengetahuan menjadi tuhan dan pencerahan menjadi penjara.

Kesaksian Nyata – Lolos dari "Perangkap Cahaya"

Marisol, seorang pelatih bisnis Amerika Selatan, merasa telah menemukan kebijaksanaan sejati melalui numerologi dan "aliran energi ilahi" dari seorang mentor Kabbalistik. Mimpinya menjadi nyata, penglihatannya tajam. Namun, kedamaiannya? Hilang. Hubungannya? Runtuh.

Ia mendapati dirinya disiksa oleh makhluk-makhluk halus dalam tidurnya, meskipun ia selalu "berdoa ringan". Seorang teman mengirimkan kesaksian video tentang seorang mantan mistikus yang bertemu Yesus. Malam itu, Marisol berseru kepada Yesus. Ia melihat cahaya putih yang menyilaukan—bukan mistis, melainkan murni. Kedamaian kembali. Ia menghancurkan barang-barangnya dan memulai perjalanan pembebasannya. Kini, ia mengelola sebuah platform mentoring yang berpusat pada Kristus bagi para perempuan yang terjebak dalam tipu daya spiritual.

Rencana Aksi – Menolak Pencerahan Palsu

1. **Audit** paparan Anda: Pernahkah Anda membaca buku mistik, mempraktikkan penyembuhan energi, mengikuti horoskop, atau memakai tali merah?
2. **Bertobatlah** karena mencari terang di luar Kristus.
3. **Putuskan hubungan** dengan:
    - Ajaran Kabbalah/Zohar
    - Pengobatan energi atau aktivasi cahaya
    - Pemanggilan malaikat atau decoding nama
    - Geometri suci, numerologi, atau "kode"
4. **Berdoa dengan suara keras** :

Yesus, Engkaulah Terang dunia. Aku menolak setiap terang palsu, setiap ajaran okultisme, dan setiap jebakan mistis. Aku kembali kepada-Mu sebagai satu-satunya sumber kebenaranku!

1. **Ayat Alkitab untuk Dinyatakan :**
    - Yohanes 8:12
    - Ulangan 18:10–12
    - Yesaya 2:6
    - 2 Korintus 11:13–15

Aplikasi Grup

- Tanyakan: Apakah Anda (atau keluarga) pernah berpartisipasi dalam atau terpapar pada ajaran New Age, numerologi, Kabbalah, atau ajaran mistis "cahaya"?
- Penolakan kelompok terhadap cahaya palsu dan pengabdian kembali kepada Yesus sebagai satu-satunya Terang.
- Gunakan gambaran garam dan terang — berikan setiap peserta sejumput garam dan lilin untuk menyatakan, "Saya adalah garam dan terang di dalam Kristus saja."

Wawasan Utama

Tidak semua terang itu suci. Apa pun yang menerangi di luar Kristus pada akhirnya akan memusnahkan kita.

Jurnal Refleksi

- Apakah saya mencari pengetahuan, kuasa, atau penyembuhan di luar Firman Tuhan?
- Alat atau ajaran spiritual apa yang perlu saya singkirkan?
- Apakah ada orang yang sudah saya perkenalkan pada New Age atau praktik "ringan" yang sekarang perlu saya bimbing kembali?

Doa Pembebasan

Bapa, aku meninggalkan segala roh cahaya palsu, mistisisme, dan pengetahuan rahasia. Aku meninggalkan Kabbalah, numerologi, geometri suci, dan segala kode gelap yang berpura-pura menjadi cahaya. Aku menyatakan Yesus adalah Terang hidupku. Aku menjauh dari jalan tipu daya dan melangkah menuju kebenaran. Sucikanlah aku dengan api-Mu dan penuhi aku dengan Roh Kudus. Dalam nama Yesus. Amin.

HARI KE-29: TABIR ILLUMINATI — MENGUNGKAP JARINGAN OKULT ELIT

"*Raja-raja bumi bersiap-siap, dan para pembesar berkumpul bersama melawan Tuhan dan Yang Diurapi-Nya.*" — Mazmur 2:2

"*Tidak ada sesuatu yang tersembunyi yang tidak akan dibuka, dan tidak ada sesuatu yang tersembunyi yang tidak akan tersingkap.*" — Lukas 8:17

Ada dunia di dalam dunia kita. Tersembunyi di depan mata.

Dari Hollywood hingga keuangan tinggi, dari koridor politik hingga kerajaan musik, jaringan aliansi gelap dan kontrak spiritual mengatur sistem yang membentuk budaya, pemikiran, dan kekuasaan. Ini lebih dari sekadar konspirasi — ini adalah pemberontakan kuno yang dikemas ulang untuk panggung modern.

Illuminati, pada intinya, bukan sekadar perkumpulan rahasia — melainkan agenda Luciferian. Sebuah piramida spiritual di mana mereka yang berada di puncak mengikrarkan kesetiaan melalui darah, ritual, dan pertukaran jiwa, yang seringkali dibalut simbol, mode, dan budaya pop untuk mengondisikan massa.

Ini bukan tentang paranoia. Ini tentang kesadaran.

KISAH NYATA – PERJALANAN dari Ketenaran menuju Iman

Marcus adalah produser musik yang sedang naik daun di AS. Ketika lagu hit ketiganya yang besar menembus tangga lagu, ia diperkenalkan ke sebuah klub eksklusif—pria dan wanita berpengaruh, "mentor" spiritual, kontrak yang diselimuti kerahasiaan. Awalnya, rasanya seperti bimbingan elit. Kemudian, tibalah sesi "doa"—ruang gelap, lampu merah, nyanyian, dan ritual cermin. Ia mulai mengalami perjalanan keluar tubuh, suara-suara yang membisikkan lagu kepadanya di malam hari.

Suatu malam, di bawah pengaruh dan siksaan, ia mencoba bunuh diri. Namun Yesus turun tangan. Doa syafaat seorang nenek yang berdoa berhasil. Ia melarikan diri, meninggalkan sistem, dan memulai perjalanan pembebasan yang panjang. Kini, ia menyingkap kegelapan industri tersebut melalui musik yang menjadi saksi terang.

SISTEM KONTROL TERSEMBUNYI

- **Pengorbanan Darah & Ritual Seks** – Inisiasi menuju kekuasaan memerlukan pertukaran: tubuh, darah, atau kepolosan.
- **Pemrograman Pikiran (pola MK Ultra)** – Digunakan dalam media, musik, politik untuk menciptakan identitas dan pengendali yang retak.
- **Simbolisme** – Mata piramida, burung phoenix, lantai kotak-kotak, burung hantu, dan bintang terbalik – gerbang kesetiaan.
- **Doktrin Luciferian** – "Lakukan apa yang kau mau," "Jadilah tuhanmu sendiri," " Pencerahan pembawa cahaya."

Rencana Aksi – Membebaskan Diri dari Jaring Elit

1. **Bertaubatlah** karena berpartisipasi dalam sistem apa pun yang terkait dengan pemberdayaan okultisme, bahkan tanpa disadari (musik, media, kontrak).
2. **Menolak** ketenaran dengan cara apa pun, perjanjian tersembunyi, atau ketertarikan dengan gaya hidup elit.
3. **Berdoalah untuk** setiap kontrak, merek, atau jaringan yang Anda ikuti. Mintalah Roh Kudus untuk menyingkapkan ikatan yang tersembunyi.
4. **Nyatakan dengan lantang** :

"Aku menolak semua sistem, sumpah, dan simbol kegelapan. Aku milik Kerajaan Cahaya. Jiwaku tidak untuk dijual!"

1. **Ayat Jangkar :**
   - Yesaya 28:15–18 – Perjanjian dengan maut tidak akan berlaku
   - Mazmur 2 – Tuhan menertawakan konspirasi jahat
   - 1 Korintus 2:6–8 – Para penguasa dunia ini tidak mengerti hikmat Allah

APLIKASI GRUP

- Pimpin kelompok dalam sesi **pembersihan simbol** — bawa gambar atau logo yang menjadi pertanyaan peserta.
- Dorong orang untuk berbagi di mana mereka melihat tanda Illuminati dalam budaya pop, dan bagaimana hal itu membentuk pandangan mereka.
- Ajaklah peserta untuk **mengabdikan kembali pengaruh mereka** (musik, mode, media) kepada tujuan Kristus.

Wawasan Utama
Tipuan paling dahsyat adalah tipuan yang tersembunyi dalam kemewahan. Namun, ketika topengnya dilepas, rantainya pun putus.

Jurnal Refleksi

- Apakah saya tertarik pada simbol atau gerakan yang tidak sepenuhnya saya pahami?
- Apakah saya telah membuat sumpah atau perjanjian dalam mengejar pengaruh atau ketenaran?
- Bagian mana dari karunia atau platform saya yang perlu saya serahkan lagi kepada Tuhan?

Doa Kebebasan
Bapa, aku menolak setiap struktur, sumpah, dan pengaruh tersembunyi Illuminati dan okultisme elit. Aku menolak ketenaran tanpa-Mu, kekuasaan tanpa tujuan, dan pengetahuan tanpa Roh Kudus. Aku membatalkan setiap

perjanjian darah atau firman yang pernah dibuat atasku, sadar atau tidak sadar. Yesus, aku menobatkan-Mu sebagai Tuhan atas pikiran, karunia, dan takdirku. Singkapkan dan hancurkan setiap rantai tak kasat mata. Dalam nama-Mu aku bangkit, dan aku berjalan dalam terang. Amin.

HARI KE-30: SEKOLAH MISTERI — RAHASIA KUNO, PERBUDAKAN MODERN

"Kerongkongan mereka seperti kuburan yang ternganga; lidah mereka penuh tipu daya. Bisa ular beludak ada pada bibir mereka." — Roma 3:13

"Janganlah menyebut segala sesuatu yang disebut bangsa ini sebagai persekongkolan; janganlah takut terhadap apa yang mereka takuti... Tuhan Yang Mahakuasa adalah Dia yang harus kamu anggap kudus..." — Yesaya 8:12–13

Jauh sebelum Illuminati, terdapat sekolah-sekolah misteri kuno—Mesir, Babilonia, Yunani, Persia—yang dirancang tidak hanya untuk mewariskan "pengetahuan", tetapi juga untuk membangkitkan kekuatan supernatural melalui ritual-ritual gelap. Kini, sekolah-sekolah ini dihidupkan kembali di universitas-universitas elit, retret spiritual, kamp-kamp "kesadaran", bahkan melalui kursus pelatihan daring yang disamarkan sebagai pengembangan diri atau kebangkitan kesadaran tingkat tinggi.

Dari lingkaran Kabbalah hingga Teosofi, Ordo Hermetik, dan Rosicrucianisme — tujuannya sama: "menjadi seperti dewa," membangkitkan kekuatan laten tanpa harus berserah diri kepada Tuhan. Nyanyian-nyanyian tersembunyi, geometri suci, proyeksi astral, pembukaan kelenjar pineal, dan ritual seremonial menjerumuskan banyak orang ke dalam perbudakan spiritual dengan kedok "cahaya".

Tetapi setiap "terang" yang tidak berakar di dalam Yesus adalah terang palsu. Dan setiap sumpah tersembunyi harus diingkari.

Kisah Nyata – Dari Mahir Menjadi Terbengkalai

Sandra*, seorang pelatih kebugaran asal Afrika Selatan, diinisiasi ke dalam sebuah ordo misteri Mesir melalui program bimbingan. Pelatihan tersebut mencakup penyelarasan cakra, meditasi matahari, ritual bulan, dan gulungan kebijaksanaan kuno. Ia mulai mengalami "pengunduhan" dan "pendakian", tetapi tak lama kemudian hal-hal tersebut berubah menjadi serangan panik, kelumpuhan tidur, dan episode bunuh diri.

Ketika seorang pendeta pembebasan mengungkap sumbernya, Sandra menyadari jiwanya terikat oleh sumpah dan kontrak spiritual. Meninggalkan ordo berarti kehilangan penghasilan dan koneksi — tetapi ia mendapatkan kebebasannya. Kini, ia mengelola sebuah pusat penyembuhan yang berpusat pada Kristus, memperingatkan orang lain tentang tipu daya Zaman Baru.

Benang Merah Sekolah Misteri Saat Ini

- **Lingkaran Kabbalah** – Mistisisme Yahudi yang dicampur dengan numerologi, pemujaan malaikat, dan alam astral.
- **Hermetisisme** – doktrin "Seperti di atas, begitu pula di bawah"; memberdayakan jiwa untuk memanipulasi realitas.
- **Rosicrucian** – Ordo rahasia yang terkait dengan transformasi alkimia dan kenaikan roh.
- **Freemasonry & Persaudaraan Esoterik** – Perkembangan berlapis menuju cahaya tersembunyi; tiap tingkatan terikat oleh sumpah dan ritual.
- **Retret Spiritual** – Upacara "pencerahan" psikedelik dengan dukun atau "pemandu."

Rencana Aksi – Memutuskan Kekuasaan Lama

1. **Menolak** semua perjanjian yang dibuat melalui inisiasi, kursus, atau kontrak spiritual di luar Kristus.
2. **Batalkan** kekuatan setiap sumber "cahaya" atau "energi" yang tidak berakar pada Roh Kudus.
3. **Bersihkan** rumah Anda dari simbol-simbol: ankh, mata Horus, geometri suci, altar, dupa, patung, atau buku ritual.
4. **Nyatakan dengan lantang** :

"Aku menolak setiap jalan kuno dan modern menuju cahaya palsu. Aku berserah kepada Yesus Kristus, Sang Terang sejati. Setiap sumpah rahasia dipatahkan oleh darah-Nya."

TULISAN SUCI JANGKAR

- Kolose 2:8 – Bukan filsafat yang kosong dan menipu
- Yohanes 1:4–5 – Terang yang sejati bersinar di dalam kegelapan
- 1 Korintus 1:19-20 – Allah membinasakan hikmat orang-orang bijak

APLIKASI GRUP

- Adakan malam simbolis "pembakaran gulungan kitab suci" (Kisah Para Rasul 19:19) — di mana anggota kelompok membawa dan menghancurkan semua buku, perhiasan, dan barang-barang gaib.
- Berdoalah untuk orang-orang yang telah "mengunduh" pengetahuan aneh atau membuka cakra mata ketiga melalui meditasi.
- Pandu peserta melalui doa **"pemindahan cahaya"** — memohon Roh Kudus untuk mengambil alih setiap area yang sebelumnya diserahkan kepada cahaya gaib.

WAWASAN UTAMA

Tuhan tidak menyembunyikan kebenaran dalam teka-teki dan ritual — Dia mengungkapkannya melalui Putra-Nya. Waspadalah terhadap "terang" yang menarikmu ke dalam kegelapan.

JURNAL REFLEKSI

- Apakah saya telah bergabung dengan sekolah daring atau fisik yang menjanjikan kebijaksanaan kuno, aktivasi, atau kekuatan misteri?
- Apakah ada buku, simbol, atau ritual yang dulu saya pikir tidak berbahaya tetapi sekarang saya merasa bersalah karenanya?
- Di mana saya mencari pengalaman spiritual selain hubungan dengan

Tuhan?

Doa Pembebasan

Tuhan Yesus, Engkaulah Jalan, Kebenaran, dan Terang. Aku bertobat atas setiap jalan yang kutempuh yang mengabaikan Firman-Mu. Aku meninggalkan semua sekolah misteri, ordo rahasia, sumpah, dan inisiasi. Aku memutuskan ikatan jiwa dengan semua pembimbing, guru, roh, dan sistem yang berakar pada tipu daya kuno. Pancarkanlah terang-Mu di setiap tempat tersembunyi di hatiku dan penuhi aku dengan kebenaran Roh-Mu. Dalam nama Yesus, aku berjalan bebas. Amin.

HARI KE-31: KABBALAH, GEOMETRI SUCI & PENIPUAN CAHAYA ELIT

"*Karena Iblis pun menyamar sebagai malaikat Terang.*" — 2 Korintus 11:14

"*Hal-hal yang tersembunyi ialah bagi Tuhan, Allah kita, tetapi hal-hal yang dinyatakan ialah bagi kita...*" — Ulangan 29:29

Dalam pencarian kita akan pengetahuan spiritual, terdapat bahaya—daya tarik "kebijaksanaan tersembunyi" yang menjanjikan kuasa, terang, dan keilahian yang terpisah dari Kristus. Dari kalangan selebritas hingga pondok rahasia, dari seni hingga arsitektur, sebuah pola penipuan merambah dunia, menyeret para pencari ke dalam jaring esoteris **Kabbalah**, **geometri suci**, dan **ajaran misteri**.

Ini bukanlah eksplorasi intelektual yang tidak berbahaya. Ini adalah pintu masuk ke dalam perjanjian spiritual dengan malaikat jatuh yang menyamar sebagai cahaya.

MANIFESTASI GLOBAL

- **Industri Hollywood & Musik** – Banyak selebriti yang terang-terangan mengenakan gelang Kabbalah atau menato simbol-simbol suci (seperti Pohon Kehidupan) yang berakar dari mistisisme Yahudi okultisme.
- **Mode & Arsitektur** – Desain Masonik dan pola geometris sakral (Bunga Kehidupan, heksagram, Mata Horus) tertanam dalam pakaian, bangunan, dan seni digital.
- **Timur Tengah & Eropa** – Pusat studi Kabbalah berkembang pesat di kalangan elit, sering kali memadukan mistisisme dengan

numerologi, astrologi, dan doa malaikat.

- **Lingkaran Online & Zaman Baru di Seluruh Dunia** – YouTube, TikTok, dan podcast menormalkan " kode cahaya," "portal energi," "getaran 3–6–9," dan ajaran "matriks ilahi" yang berbasis pada geometri suci dan kerangka kerja Kabbalistik.

Kisah Nyata — Ketika Cahaya Menjadi Kebohongan

Jana, perempuan berusia 27 tahun asal Swedia, mulai mendalami Kabbalah setelah mengikuti penyanyi favoritnya yang menganggapnya sebagai "kebangkitan kreatif" baginya. Ia membeli gelang benang merah, mulai bermeditasi dengan mandala geometris, dan mempelajari nama-nama malaikat dari teks Ibrani kuno.

Segalanya mulai berubah. Mimpinya berubah aneh. Ia merasakan makhluk-makhluk di sampingnya dalam tidurnya, membisikkan kebijaksanaan—lalu menuntut darah. Bayangan-bayangan mengikutinya, namun ia mendambakan lebih banyak cahaya.

Akhirnya, ia menemukan video pembebasan daring dan menyadari bahwa siksaan yang dialaminya bukanlah kenaikan spiritual, melainkan tipu daya spiritual. Setelah enam bulan menjalani sesi pembebasan, berpuasa, dan membakar semua benda Kabbalistik di rumahnya, kedamaian mulai kembali. Ia kini memperingatkan orang lain melalui blognya: "Cahaya palsu hampir menghancurkanku."

MEMBEDAKAN JALAN

Kabbalah, meskipun terkadang mengenakan jubah keagamaan, menolak Yesus Kristus sebagai satu-satunya jalan menuju Tuhan. Kabbalah sering kali meninggikan **"diri ilahi"**, mempromosikan **penyaluran** dan **kenaikan pohon kehidupan**, serta menggunakan **mistisisme matematika** untuk memanggil kekuatan. Praktik-praktik ini membuka **gerbang spiritual** — bukan ke surga, melainkan ke entitas yang menyamar sebagai pembawa cahaya.

Banyak doktrin Kabbalistik yang bersinggungan dengan:

- Freemasonry

- Rosicrucianisme
- Gnostisisme
- Kultus pencerahan Luciferian

Persamaannya? Mengejar keilahian tanpa Kristus.

Rencana Aksi – Mengungkap & Mengusir Cahaya Palsu

1. **Bertobatlah** dari setiap keterlibatan dengan ajaran Kabbalah, numerologi, geometri suci, atau "aliran misteri".
2. **Hancurkan benda-benda** di rumah Anda yang terkait dengan praktik ini — mandala, altar, teks Kabbalah, kisi-kisi kristal, perhiasan simbol suci.
3. **Tolak roh cahaya palsu** (misalnya Metatron, Raziel, Shekinah dalam wujud mistik) dan perintahkan setiap malaikat palsu untuk pergi.
4. **Benamkan diri Anda** dalam kesederhanaan dan kecukupan Kristus (2 Korintus 11:3).
5. **Berpuasa dan mengurapi** diri sendiri — mata, dahi, tangan — meninggalkan semua kebijaksanaan palsu dan menyatakan kesetiaan Anda kepada Tuhan saja.

Aplikasi Grup

- Bagikan setiap pertemuan dengan "ajaran cahaya," numerologi, media Kabbalah, atau simbol-simbol suci.
- Sebagai sebuah kelompok, buatlah daftar frasa atau kepercayaan yang terdengar "spiritual" tetapi bertentangan dengan Kristus (misalnya, "Saya ilahi," "alam semesta menyediakan," "kesadaran Kristus").
- Urapi setiap orang dengan minyak sambil menyatakan Yohanes 8:12 — *"Yesus adalah Terang Dunia."*
- Bakar atau buang semua bahan atau benda yang merujuk pada geometri suci, mistisisme, atau "kode ilahi."

WAWASAN UTAMA

Setan tidak datang pertama kali sebagai penghancur. Ia sering datang sebagai penerang—menawarkan pengetahuan rahasia dan terang palsu. Namun, terang itu justru menuntun pada kegelapan yang lebih pekat.

Jurnal Refleksi

- Sudahkah saya membuka jiwa saya terhadap "terang rohani" apa pun yang melampaui Kristus?
- Apakah ada simbol, frasa, atau objek yang saya pikir tidak berbahaya tetapi sekarang saya kenali sebagai portal?
- Apakah saya meninggikan kebijaksanaan pribadi di atas kebenaran Alkitab?

Doa Pembebasan

Bapa, aku menolak setiap cahaya palsu, ajaran mistis, dan pengetahuan rahasia yang telah menjerat jiwaku. Aku mengakui bahwa hanya Yesus Kristuslah Terang dunia yang sejati. Aku menolak Kabbalah, geometri suci, numerologi, dan semua doktrin setan. Biarlah setiap roh palsu kini tercabut dari hidupku. Bersihkan mataku, pikiranku, imajinasiku, dan jiwaku. Aku milik-Mu semata — roh, jiwa, dan tubuh. Dalam nama Yesus. Amin.

HARI KE-3 2: ROH ULAR DI DALAM DIRI — KETIKA PEMBEBASAN DATANG TERLAMBAT

"*Mata mereka penuh perzinahan... mereka memikat jiwa-jiwa yang tidak teguh imannya... mereka mengikuti jalan Bileam... yang baginya telah disediakan dunia kekelaman untuk selama-lamanya.*" — 2 Petrus 2:14–17

"*Jangan sesat! Allah tidak dapat diajak main-main. Apa yang ditabur orang, itu juga yang akan dituainya.*" — Galatia 6:7

Ada tiruan iblis yang menyamar sebagai pencerahan. Ia menyembuhkan, memberi energi, memberdayakan—tetapi hanya untuk sementara. Ia membisikkan misteri ilahi, membuka "mata ketiga" Anda, melepaskan kekuatan di tulang belakang—lalu **memperbudak Anda dalam siksaan**.

Itu **Kundalini**.

Roh **ular**.

"Roh suci" palsu dari Zaman Baru.

Setelah diaktifkan — melalui yoga, meditasi, psikedelik, trauma, atau ritual okultisme — kekuatan ini melingkar di pangkal tulang belakang dan naik bagaikan api melalui cakra. Banyak yang percaya bahwa ini adalah kebangkitan spiritual. Sebenarnya, ini adalah **kerasukan setan** yang disamarkan sebagai energi ilahi.

Namun apa yang terjadi jika hal itu **tidak kunjung hilang**?

Kisah Nyata – "Saya Tidak Bisa Mematikannya"

Marissa, seorang wanita muda Kristen di Kanada, pernah mencoba "yoga Kristen" sebelum menyerahkan hidupnya kepada Kristus. Ia menyukai perasaan damai, getaran, dan penglihatan cahaya. Namun, setelah satu sesi intens di mana ia merasakan tulang belakangnya "terbakar", ia pingsan — dan terbangun tanpa bisa bernapas. Malam itu, sesuatu mulai **mengganggu tidurnya**, memutar tubuhnya, muncul sebagai "Yesus" dalam mimpinya — tetapi mengejeknya.

Ia menerima **pembebasan** lima kali. Roh-roh itu akan pergi—tetapi kembali lagi. Tulang punggungnya masih bergetar. Matanya terus-menerus melihat ke alam roh. Tubuhnya akan bergerak tanpa sadar. Meskipun telah diselamatkan, ia kini berjalan melalui neraka yang hanya dipahami oleh sedikit orang Kristen. Rohnya diselamatkan—tetapi jiwanya dilecehkan , **retak, dan terfragmentasi** .

Akibatnya yang Tak Seorang Pun Bicarakan

- **Mata ketiga tetap terbuka** : Penglihatan konstan, halusinasi, kebisingan spiritual, "malaikat" mengucapkan kebohongan.
- **Tubuh tidak berhenti bergetar** : Energi tak terkendali, tekanan di tengkorak, jantung berdebar-debar.
- **Siksaan yang tiada henti** : Bahkan setelah 10+ sesi pembebasan.
- **Isolasi** : Pendeta tidak mengerti. Gereja mengabaikan masalah ini. Orang tersebut dicap "tidak stabil".
- **Takut neraka** : Bukan karena dosa, tapi karena siksaan yang tak kunjung berakhir.

Bisakah orang Kristen mencapai titik yang tak bisa kembali?

Ya — dalam hidup ini. Anda bisa **diselamatkan** , tetapi begitu terfragmentasi sehingga **jiwa Anda tersiksa sampai mati** .

Ini bukan menakut-nakuti. Ini **peringatan yang profetik** .

Contoh Global

- **Afrika** – Nabi-nabi palsu melepaskan api Kundalini selama kebaktian — orang-orang kejang-kejang, berbusa, tertawa, atau meraung.
- **Asia** – Guru yoga naik ke "siddhi" (kerasukan setan) dan menyebutnya kesadaran ketuhanan .
- **Eropa/Amerika Utara** – Gerakan neo-karismatik yang menyalurkan "alam kemuliaan," menggonggong, tertawa, jatuh tak terkendali — bukan dari Tuhan.
- **Amerika Latin** – Kebangkitan perdukunan menggunakan ayahuasca

(obat tanaman) untuk membuka pintu spiritual yang tidak dapat ditutup.

RENCANA AKSI — JIKA Anda Sudah Terlalu Jauh

1. **Mengaku portal yang tepat** : yoga kundalini, meditasi mata ketiga, gereja zaman baru, psikedelik, dll.
2. **Hentikan semua pengejaran pembebasan** : Beberapa roh tersiksa lebih lama ketika Anda terus memberdayakan mereka dengan rasa takut.
3. **Tanamkan diri Anda dalam Kitab Suci** SETIAP HARI — terutama Mazmur 119, Yesaya 61, dan Yohanes 1. Ini memperbarui jiwa.
4. **Kirimkan ke komunitas** : Temukan setidaknya satu orang percaya yang dipenuhi Roh Kudus untuk diajak berjalan bersama. Isolasi memberdayakan iblis.
5. **Tolak semua "penglihatan" spiritual, api, pengetahuan, energi** — bahkan jika itu terasa suci.
6. **Mohon ampunan dari Tuhan** — Bukan sekali. Setiap hari. Setiap jam. Teruslah berdoa. Tuhan mungkin tidak langsung mencabutnya, tetapi Dia akan menopangmu.

APLIKASI GRUP

- Luangkan waktu untuk merenung dalam keheningan. Tanyakan: Apakah saya telah mengejar kekuatan spiritual melebihi kemurnian spiritual?
- Berdoalah bagi mereka yang mengalami siksaan tak henti-hentinya. JANGAN menjanjikan kebebasan instan — janjikanlah **pemuridan**.
- Ajarkan perbedaan antara **buah Roh** (Galatia 5:22–23) dan **manifestasi jiwa** (gemetar, panas, penglihatan).
- Bakar atau hancurkan setiap objek zaman baru: simbol cakra, kristal,

matras yoga, buku, minyak, "kartu Yesus."

Wawasan Utama

Ada **batas** yang bisa dilewati — ketika jiwa menjadi gerbang yang terbuka dan menolak untuk menutup. Rohmu mungkin terselamatkan... tetapi jiwa dan ragamu mungkin masih hidup dalam siksaan jika kau telah dinodai oleh cahaya gaib.

Jurnal Refleksi

- Pernahkah aku mengejar kuasa, api, atau penglihatan kenabian lebih daripada kekudusan dan kebenaran?
- Apakah saya telah membuka pintu-pintu melalui praktik-praktik zaman baru yang "dikristenkan"?
- Apakah saya bersedia **berjalan setiap hari** bersama Tuhan meskipun pembebasan penuh membutuhkan waktu bertahun-tahun?

Doa Kelangsungan Hidup

Bapa, aku berseru memohon belas kasihan. Aku menolak setiap roh ular, kekuatan Kundalini, pembuka mata ketiga, api palsu, atau tiruan zaman baru yang pernah kusentuh. Kuserahkan jiwaku—yang retak—kembali kepada-Mu. Yesus, selamatkan aku bukan hanya dari dosa, tetapi juga dari siksaan. Tutuplah pintu gerbangku. Sembuhkan pikiranku. Pejamkan mataku. Remukkan ular di tulang belakangku. Aku menantikan-Mu, bahkan dalam kesakitan. Dan aku tak akan menyerah. Dalam nama Yesus. Amin.

HARI KE-33: ROH ULAR DI DALAM DIRI — KETIKA PEMBEBASAN DATANG TERLAMBAT

"Mata mereka penuh perzinahan... mereka memikat jiwa-jiwa yang tidak teguh imannya... mereka mengikuti jalan Bileam... yang baginya telah disediakan dunia kekelaman untuk selama-lamanya." — 2 Petrus 2:14–17

"Jangan sesat! Allah tidak dapat diajak main-main. Apa yang ditabur orang, itu juga yang akan dituainya." — Galatia 6:7

Ada tiruan iblis yang menyamar sebagai pencerahan. Ia menyembuhkan, memberi energi, memberdayakan—tetapi hanya untuk sementara. Ia membisikkan misteri ilahi, membuka "mata ketiga" Anda, melepaskan kekuatan di tulang belakang—lalu **memperbudak Anda dalam siksaan**.

Itu **Kundalini**.

Roh **ular**.

"Roh suci" palsu dari Zaman Baru.

Setelah diaktifkan — melalui yoga, meditasi, psikedelik, trauma, atau ritual okultisme — kekuatan ini melingkar di pangkal tulang belakang dan naik bagaikan api melalui cakra. Banyak yang percaya bahwa ini adalah kebangkitan spiritual. Sebenarnya, ini adalah **kerasukan setan** yang disamarkan sebagai energi ilahi.

Namun apa yang terjadi jika hal itu **tidak kunjung hilang**?

Kisah Nyata – "Saya Tidak Bisa Mematikannya"

Marissa, seorang wanita muda Kristen di Kanada, pernah mencoba "yoga Kristen" sebelum menyerahkan hidupnya kepada Kristus. Ia menyukai perasaan damai, getaran, dan penglihatan cahaya. Namun, setelah satu sesi intens di mana ia merasakan tulang belakangnya "terbakar", ia pingsan — dan terbangun tanpa bisa bernapas. Malam itu, sesuatu mulai **mengganggu tidurnya**, memutar tubuhnya, muncul sebagai "Yesus" dalam mimpinya — tetapi mengejeknya.

Ia menerima **pembebasan** lima kali. Roh-roh itu akan pergi—tetapi kembali lagi. Tulang punggungnya masih bergetar. Matanya terus-menerus melihat ke alam roh. Tubuhnya akan bergerak tanpa sadar. Meskipun telah diselamatkan, ia kini berjalan melalui neraka yang hanya dipahami oleh sedikit orang Kristen. Rohnya diselamatkan—tetapi jiwanya dilecehkan , **retak, dan terfragmentasi** .

Akibatnya yang Tak Seorang Pun Bicarakan

- **Mata ketiga tetap terbuka** : Penglihatan konstan, halusinasi, kebisingan spiritual, "malaikat" mengucapkan kebohongan.
- **Tubuh tidak berhenti bergetar** : Energi tak terkendali, tekanan di tengkorak, jantung berdebar-debar.
- **Siksaan yang tiada henti** : Bahkan setelah 10+ sesi pembebasan.
- **Isolasi** : Pendeta tidak mengerti. Gereja mengabaikan masalah ini. Orang tersebut dicap "tidak stabil".
- **Takut neraka** : Bukan karena dosa, tapi karena siksaan yang tak kunjung berakhir.

Bisakah orang Kristen mencapai titik yang tak bisa kembali?

Ya — dalam hidup ini. Anda bisa **diselamatkan** , tetapi begitu terfragmentasi sehingga **jiwa Anda tersiksa sampai mati** .

Ini bukan menakut-nakuti. Ini **peringatan yang profetik** .

Contoh Global

- **Afrika** – Nabi-nabi palsu melepaskan api Kundalini selama kebaktian — orang-orang kejang-kejang, berbusa, tertawa, atau meraung.
- **Asia** – Guru yoga naik ke "siddhi" (kerasukan setan) dan menyebutnya kesadaran ketuhanan .
- **Eropa/Amerika Utara** – Gerakan neo-karismatik yang menyalurkan "alam kemuliaan," menggonggong, tertawa, jatuh tak terkendali — bukan dari Tuhan.
- **Amerika Latin** – Kebangkitan perdukunan menggunakan ayahuasca

(obat tanaman) untuk membuka pintu spiritual yang tidak dapat ditutup.

Rencana Aksi — Jika Anda Sudah Terlalu Jauh

1. **Mengaku portal yang tepat** : yoga kundalini, meditasi mata ketiga, gereja zaman baru, psikedelik, dll.
2. **Hentikan semua pengejaran pembebasan** : Beberapa roh tersiksa lebih lama ketika Anda terus memberdayakan mereka dengan rasa takut.
3. **Tanamkan diri Anda dalam Kitab Suci** SETIAP HARI — terutama Mazmur 119, Yesaya 61, dan Yohanes 1. Ini memperbarui jiwa.
4. **Kirimkan ke komunitas** : Temukan setidaknya satu orang percaya yang dipenuhi Roh Kudus untuk diajak berjalan bersama. Isolasi memberdayakan iblis.
5. **Tolak semua "penglihatan" spiritual, api, pengetahuan, energi** — bahkan jika itu terasa suci.
6. **Mohon ampunan dari Tuhan** — Bukan sekali. Setiap hari. Setiap jam. Teruslah berdoa. Tuhan mungkin tidak langsung mencabutnya, tetapi Dia akan menopangmu.

Aplikasi Grup

- Luangkan waktu untuk merenung dalam keheningan. Tanyakan: Apakah saya telah mengejar kekuatan spiritual melebihi kemurnian spiritual?
- Berdoalah bagi mereka yang mengalami siksaan tak henti-hentinya. JANGAN menjanjikan kebebasan instan — janjikanlah **pemuridan**.
- Ajarkan perbedaan antara **buah Roh** (Galatia 5:22–23) dan **manifestasi jiwa** (gemetar, panas, penglihatan).
- Bakar atau hancurkan setiap objek zaman baru: simbol cakra, kristal, matras yoga, buku, minyak, "kartu Yesus."

Wawasan Utama

Ada **batas** yang bisa dilewati — ketika jiwa menjadi gerbang yang terbuka dan menolak untuk menutup. Rohmu mungkin terselamatkan... tetapi jiwa dan ragamu mungkin masih hidup dalam siksaan jika kau telah dinodai oleh cahaya gaib.

Jurnal Refleksi

- Pernahkah aku mengejar kuasa, api, atau penglihatan kenabian lebih daripada kekudusan dan kebenaran?
- Apakah saya telah membuka pintu-pintu melalui praktik-praktik zaman baru yang "dikristenkan"?
- Apakah saya bersedia **berjalan setiap hari** bersama Tuhan meskipun pembebasan penuh membutuhkan waktu bertahun-tahun?

Doa Kelangsungan Hidup

Bapa, aku berseru memohon belas kasihan. Aku menolak setiap roh ular, kekuatan Kundalini, pembuka mata ketiga, api palsu, atau tiruan zaman baru yang pernah kusentuh. Kuserahkan jiwaku—yang retak—kembali kepada-Mu. Yesus, selamatkan aku bukan hanya dari dosa, tetapi juga dari siksaan. Tutuplah pintu gerbangku. Sembuhkan pikiranku. Pejamkan mataku. Remukkan ular di tulang belakangku. Aku menantikan-Mu, bahkan dalam kesakitan. Dan aku tak akan menyerah. Dalam nama Yesus. Amin.

HARI KE-34: MASON, KODE & KUTUKAN — Ketika Persaudaraan Menjadi Perbudakan

"*Janganlah kamu turut serta dalam pekerjaan-pekerjaan kegelapan yang tidak menghasilkan buah, tetapi sebaliknya singkapkanlah pekerjaan-pekerjaan itu.*" — Efesus 5:11

"*Janganlah kamu membuat perjanjian dengan mereka atau dengan allah-allah mereka.*" — Keluaran 23:32

Perkumpulan rahasia menjanjikan kesuksesan, koneksi, dan kebijaksanaan kuno. Mereka menawarkan **sumpah, gelar, dan rahasia** yang diwariskan "untuk orang baik." Namun, yang kebanyakan orang tidak sadari adalah: perkumpulan ini adalah **altar perjanjian** , yang seringkali dibangun di atas darah, tipu daya, dan kesetiaan iblis.

Dari Freemasonry hingga Kabbalah, Rosicrucian hingga Skull & Bones — organisasi-organisasi ini bukan sekadar klub. Mereka adalah **kontrak spiritual** , ditempa dalam kegelapan dan disegel dengan ritual yang **mengutuk generasi demi generasi** .

Beberapa bergabung dengan sukarela. Yang lain memiliki leluhur yang bergabung.

Apa pun pilihannya, kutukan itu tetap ada — sampai dipatahkan.

Warisan Tersembunyi — Kisah Jason

Jason, seorang bankir sukses di AS, memiliki segalanya—keluarga yang harmonis, kekayaan, dan pengaruh. Namun, di malam hari, ia terbangun dalam keadaan tercekik, melihat sosok-sosok berkerudung, dan mendengar mantra dalam mimpinya. Kakeknya adalah seorang Mason tingkat 33, dan Jason masih mengenakan cincin itu.

Ia pernah bercanda mengucapkan kaul Masonik di sebuah acara klub — tetapi saat ia melakukannya, **sesuatu merasukinya** . Pikirannya mulai kacau.

Ia mendengar suara-suara. Istrinya meninggalkannya. Ia mencoba mengakhiri semuanya.

Dalam sebuah retret, seseorang menyadari hubungan Masonik. Jason menangis saat ia **mengingkari setiap sumpah**, memutuskan cincin, dan menjalani pembebasan selama tiga jam. Malam itu, untuk pertama kalinya setelah bertahun-tahun, ia tidur dengan damai.

Kesaksiannya?

"Kau tak bisa bercanda dengan altar rahasia. Mereka bicara—sampai kau membungkam mereka atas nama Yesus."

JARINGAN GLOBAL PERSAUDARAAN

- **Eropa** – Freemasonry tertanam kuat dalam bisnis, politik, dan denominasi gereja.
- **Afrika** – Illuminati dan ordo rahasia yang menawarkan kekayaan dengan imbalan jiwa; aliran sesat di universitas.
- **Amerika Latin** – Infiltrasi Jesuit dan ritual Masonik bercampur dengan mistisisme Katolik.
- **Asia** – Sekolah misteri kuno, imamat kuil terikat pada sumpah generasi.
- **Amerika Utara** – Bintang Timur, Ritus Skotlandia, perkumpulan mahasiswa seperti Skull & Bones, dan elit Bohemian Grove.

Kultus-kultus ini sering kali menyebut "Tuhan," tetapi bukan **Tuhan yang ada dalam Alkitab** — mereka merujuk pada **Arsitek Agung**, kekuatan impersonal yang terkait dengan **cahaya Luciferian**.

Tanda-tanda Anda Terkena Dampak

- Penyakit kronis yang tidak dapat dijelaskan oleh dokter.
- Takut untuk maju atau takut untuk memisahkan diri dari sistem keluarga.
- Mimpi tentang jubah, ritual, pintu rahasia, pondok, atau upacara aneh.

- Depresi atau kegilaan pada garis laki-laki.
- Wanita berjuang melawan kemandulan, pelecehan, atau ketakutan.

Rencana Aksi Pembebasan

1. **Batalkan semua sumpah yang diketahui** – terutama jika Anda atau keluarga Anda adalah bagian dari Freemasonry, Rosicrucian, Eastern Star, Kabala, atau "persaudaraan" apa pun.
2. **Uraikan setiap gelar** – dari Magang Masuk hingga Gelar ke-33, berdasarkan nama.
3. **Hancurkan semua simbol** – cincin, celemek, buku, liontin, sertifikat, dll.
4. **Tutup gerbang** – secara spiritual dan hukum melalui doa dan deklarasi.

Gunakan ayat-ayat ini:

- Yesaya 28:18 — "Perjanjianmu dengan maut akan dibatalkan."
- Galatia 3:13 — "Kristus telah menebus kita dari kutuk hukum Taurat."
- Yehezkiel 13:20–23 — "Aku akan merobek tabirmu dan membebaskan umat-Ku."

Aplikasi Grup

- Tanyakan apakah ada anggota yang memiliki orang tua atau kakek-nenek dalam perkumpulan rahasia.
- Pimpin **penolakan terbimbing** melalui semua tingkatan Freemasonry (Anda dapat membuat naskah cetak untuk ini).
- Gunakan tindakan simbolis — bakar cincin tua atau gambar salib di dahi untuk membatalkan "mata ketiga" yang dibuka dalam ritual.
- Berdoalah untuk pikiran, leher, dan punggung — ini adalah tempat-tempat umum terjadinya perbudakan.

Wawasan Utama

Persaudaraan tanpa darah Kristus adalah persaudaraan yang terbelenggu.

Anda harus memilih: perjanjian dengan manusia atau perjanjian dengan Allah.

Jurnal Refleksi

- Apakah ada di keluargaku yang terlibat dalam Freemasonry, mistisisme, atau sumpah rahasia?
- Apakah saya tanpa sadar telah melafalkan atau menirukan sumpah, kredo, atau simbol yang terkait dengan perkumpulan rahasia?
- Bersediakah saya mendobrak tradisi keluarga untuk berjalan sepenuhnya dalam perjanjian Tuhan?

Doa Penolakan

Bapa, dalam nama Yesus, aku meninggalkan setiap perjanjian, sumpah, atau ritual yang terkait dengan Freemasonry, Kabbalah, atau perkumpulan rahasia apa pun — dalam hidup atau garis keturunanku. Aku mematahkan setiap derajat, setiap kebohongan, setiap hak iblis yang diberikan melalui upacara atau simbol. Aku menyatakan bahwa Yesus Kristus adalah satu-satunya Terangku, satu-satunya Arsitekku, dan satu-satunya Tuhanku. Aku menerima kebebasan sekarang, dalam nama Yesus. Amin.

HARI KE-35: PENYIHIR DI BANGKU GEREJA — KETIKA KEJAHATAN MASUK MELALUI PINTU GEREJA

"*Sebab orang-orang seperti itu adalah rasul-rasul palsu, pekerja-pekerja curang, yang menyamar sebagai rasul-rasul Kristus. Hal itu tidak usah mengherankan, sebab Iblis pun menyamar sebagai malaikat Terang.*" — 2 Korintus 11:13–14

"*Aku tahu segala pekerjaanmu: kasihmu dan imanmu... Namun demikian, Aku mencela engkau, karena engkau membiarkan perempuan Izebel, yang menyebut dirinya nabiah...*" — Wahyu 2:19–20

Penyihir paling berbahaya bukanlah yang terbang di malam hari.

Melainkan yang **duduk di sebelahmu di gereja**.

Mereka tidak mengenakan jubah hitam atau mengendarai sapu terbang.

Mereka memimpin pertemuan doa. Bernyanyi dalam tim penyembahan. Bernubuat dalam bahasa roh. Mendelegasikan gereja. Namun... mereka adalah **pembawa kegelapan**.

Beberapa tahu persis apa yang mereka lakukan — diutus sebagai pembunuh spiritual.

Yang lain adalah korban sihir atau pemberontakan leluhur, yang beroperasi dengan karunia-karunia yang **tidak suci**.

Gereja Sebagai Kedok — Kisah "Miriam"

Miriam adalah seorang pendeta pembebasan yang populer di sebuah gereja besar di Afrika Barat. Suaranya memerintahkan setan untuk melarikan diri. Orang-orang melakukan perjalanan lintas negara untuk diurapi olehnya.

Namun, Miriam punya rahasia: di malam hari, ia berkelana keluar dari tubuhnya. Ia akan melihat rumah-rumah jemaat gereja, kelemahan-kelemahan mereka, dan garis keturunan mereka. Ia pikir itu adalah "nubuat".

Kekuatannya tumbuh. Namun, siksaannya pun bertambah.

Ia mulai mendengar suara-suara. Tidak bisa tidur. Anak-anaknya diserang. Suaminya meninggalkannya.

Dia akhirnya mengaku: dia telah "diaktifkan" saat masih kecil oleh neneknya, seorang penyihir kuat yang membuatnya tidur di bawah selimut terkutuk.

"Saya pikir saya dipenuhi Roh Kudus. Itu memang roh... tapi bukan Roh Kudus."

Dia mengalami pembebasan. Namun, peperangan tak pernah berhenti. Dia berkata:

"Jika aku tidak mengaku dosa, aku pasti sudah mati di altar yang terbakar... di gereja."

Situasi Global Ilmu Sihir Tersembunyi di Gereja

- **Afrika** – Kecemburuan spiritual. Para nabi menggunakan ramalan, ritual, dan roh air. Banyak altar sebenarnya adalah portal.
- **Eropa** – Medium psikis menyamar sebagai "pelatih spiritual." Ilmu sihir yang dibalut dengan ajaran Kristen zaman baru.
- **Asia** – Pendeta kuil memasuki gereja untuk menanam kutukan dan melakukan pemantauan astral terhadap orang yang pindah agama.
- **Amerika Latin** – Santería - "pendeta" yang berpraktik yang mengkhotbahkan pembebasan tetapi mengorbankan ayam di malam hari.
- **Amerika Utara** – Penyihir Kristen yang mengaku "Yesus dan tarot", penyembuh energi di panggung gereja, dan pendeta yang terlibat dalam ritual Freemasonry.

Tanda-tanda Sihir yang Beroperasi di Gereja

- Suasana berat atau kebingungan saat beribadah.
- Mimpi tentang ular, seks, atau binatang setelah kebaktian.
- Kepemimpinan tiba-tiba terjerumus ke dalam dosa atau skandal.
- "Ramalan" yang memanipulasi, merayu, atau mempermalukan.
- Siapa pun yang berkata, "Tuhan memberitahuku bahwa kamu adalah suami/istriku."

- Benda aneh ditemukan di dekat mimbar atau altar.

RENCANA AKSI PEMBEBASAN

1. **Berdoalah untuk memperoleh kebijaksanaan** — Mintalah Roh Kudus untuk menyingkapkan jika ada penyihir tersembunyi di persekutuan Anda.
2. **Ujilah setiap roh** — sekalipun kedengarannya rohani (1 Yohanes 4:1).
3. **Putuskanlah ikatan jiwa** — Jika Anda telah didoakan, dinubuatkan, atau disentuh oleh seseorang yang najis, **tinggalkanlah itu**.
4. **Berdoalah untuk gereja Anda** — Nyatakan api Tuhan untuk menyingkapkan setiap altar tersembunyi, dosa rahasia, dan lintah rohani.
5. **Jika Anda korban** — Dapatkan bantuan. Jangan diam atau sendirian.

Aplikasi Grup

- Tanyakan kepada anggota kelompok: Pernahkah Anda merasa tidak nyaman atau dilecehkan secara rohani dalam kebaktian gereja?
- Pimpin **doa pembersihan korporat** untuk persekutuan.
- Urapi setiap orang dan nyatakan **tembok pemisah rohani** di sekeliling pikiran, altar, dan karunia.
- Ajari para pemimpin cara **menyaring bakat** dan **menguji semangat** sebelum mengizinkan orang menduduki peran yang menonjol.

Wawasan Utama
Tidak semua yang berseru "Tuhan, Tuhan" berasal dari Tuhan.
Gereja adalah **medan perang utama** bagi kontaminasi rohani — tetapi juga tempat penyembuhan ketika kebenaran ditegakkan.

Jurnal Refleksi

- Pernahkah saya menerima doa, impartasi, atau bimbingan dari

seseorang yang hidupnya menghasilkan buah yang tidak suci?
- Apakah ada saat-saat saya merasa "tidak enak" setelah gereja, tetapi mengabaikannya?
- Bersediakah saya menghadapi sihir meski ia mengenakan jas atau bernyanyi di panggung?

Doa untuk Keterbukaan dan Kebebasan

Tuhan Yesus, aku bersyukur kepada-Mu karena Engkau adalah Terang sejati. Aku mohon kepada-Mu untuk menyingkapkan setiap agen kegelapan tersembunyi yang beroperasi di dalam atau di sekitar hidupku dan persekutuanku. Aku menolak setiap impartasi yang tidak kudus, nubuat palsu, atau ikatan jiwa yang telah kuterima dari para penipu rohani. Bersihkanlah aku dengan darah-Mu. Sucikanlah karunia-karuniaku. Jagalah pintu-pintu gerbangku. Bakarlah setiap roh palsu dengan api kudus-Mu. Dalam nama Yesus. Amin.

HARI KE-36: MANTRA BERKODE — KETIKA LAGU, MODE & FILM MENJADI PORTAL

"*Janganlah kamu mengambil bagian dalam pekerjaan-pekerjaan kegelapan yang tidak menghasilkan buah, tetapi sebaliknya singkapkanlah semuanya itu.*" — Efesus 5:11

"*Janganlah kamu terlibat dalam dongeng-dongeng yang tidak mengenal Allah dan dongeng nenek-nenek tua, tetapi latihlah dirimu beribadah.*" — 1 Timotius 4:7

Tidak semua pertempuran dimulai dengan pengorbanan darah.

Beberapa dimulai dengan sebuah **ketukan**.

Sebuah melodi. Sebuah lirik yang memikat yang melekat di jiwamu. Atau sebuah **simbol** di pakaianmu yang kau anggap "keren."

Atau sebuah acara "tak berbahaya" yang kau tonton maraton sementara iblis-iblis tersenyum dalam bayang-bayang.

Dalam dunia yang sangat terhubung saat ini, ilmu sihir **dikodekan** — tersembunyi di **depan mata** melalui media, musik, film, dan mode.

Suara yang Gelap — Kisah Nyata: "The Headphone"

Elijah, remaja berusia 17 tahun di AS, mulai mengalami serangan panik, sulit tidur, dan mimpi buruk. Orang tuanya yang beragama Kristen mengira itu karena stres.

Namun selama sesi pembebasan, Roh Kudus memerintahkan tim untuk bertanya tentang **musiknya**.

Ia mengaku: "Saya mendengarkan musik trap metal. Saya tahu musiknya gelap... tapi itu membantu saya merasa kuat."

Ketika tim memainkan salah satu lagu favoritnya dalam doa, sebuah **manifestasi** terjadi.

Ketukannya dikodekan dengan **lagu-lagu nyanyian** dari ritual okultisme. Penyamaran terbalik menampilkan frasa-frasa seperti "serahkan jiwamu" dan "Lucifer berbicara."

Setelah Elia menghapus musiknya, bertobat, dan meninggalkan koneksi, kedamaian kembali.

Perang telah memasuki **telinganya**.

Pola Pemrograman Global

- **Afrika** – Lagu-lagu Afrobeat dikaitkan dengan ritual uang; referensi "juju" tersembunyi dalam lirik; merek fesyen dengan simbol kerajaan laut.
- **Asia** – K-pop dengan pesan seksual dan penyaluran roh yang tersirat; karakter anime yang diresapi dengan pengetahuan setan Shinto.
- **Amerika Latin** – Reggaeton yang menonjolkan nyanyian Santería dan mantra berkode terbalik.
- **Eropa** – Rumah mode (Gucci, Balenciaga) menanamkan citra dan ritual setan ke dalam budaya landasan pacu.
- **Amerika Utara** – Film-film Hollywood yang dibumbui dengan ilmu sihir (Marvel, horor, film "terang vs gelap"); kartun yang menggunakan ilmu sihir sebagai hiburan.

Common Entry Portals (and Their Spirit Assignments)

Media Type	Portal	Demonic Assignment
Music	Beats/samples from rituals	Torment, violence, rebellion
TV Series	Magic, lust, murder glorification	Desensitization, soul dulling
Fashion	Symbols (serpent, eye, goat, triangles)	Identity confusion, spiritual binding
Video Games	Sorcery, blood rites, avatars	Astral transfer, addiction, occult alignment
Social Media	Trends on "manifestation," crystals, spells	Sorcery normalization

RENCANA AKSI – MEMILAH, Detoksifikasi, Pertahankan

1. **Periksa daftar putar, koleksi pakaian, dan riwayat tontonan Anda**. Cari konten yang berbau okultisme, penuh nafsu, pemberontakan, atau kekerasan.
2. **Mintalah Roh Kudus untuk menyingkapkan** setiap pengaruh yang tidak suci.
3. **Hapus dan musnahkan**. Jangan jual atau sumbangkan. Bakar atau buang apa pun yang bersifat jahat — fisik maupun digital.
4. **Urapilah perangkat**, ruangan, dan telingamu. Nyatakanlah semuanya sebagai sesuatu yang kudus bagi kemuliaan Tuhan.
5. **Ganti dengan kebenaran**: Musik penyembahan, film-film rohani, buku-buku, dan bacaan Kitab Suci yang memperbarui pikiran Anda.

Aplikasi Grup

- Pimpin anggota dalam "Inventaris Media". Mintalah setiap orang menuliskan acara, lagu, atau benda yang mereka curigai sebagai

portal.
- Berdoalah di atas ponsel dan headphone. Urapilah keduanya.
- Ikuti "puasa detoks" berkelompok — 3 hingga 7 hari tanpa media sekuler. Hanya makan Firman Tuhan, beribadah, dan bersekutu.
- Berikan kesaksian mengenai hasilnya pada pertemuan berikutnya.

Wawasan Utama
Setan tidak lagi membutuhkan kuil untuk memasuki rumahmu. Mereka hanya butuh izinmu untuk menekan tombol play.

Jurnal Refleksi

- Apa yang telah saya tonton, dengar, atau kenakan yang mungkin menjadi pintu terbuka menuju penindasan?
- Apakah aku bersedia melepaskan apa yang menghiburku jika itu juga memperbudakku?
- Apakah saya telah menormalkan pemberontakan, nafsu, kekerasan, atau ejekan atas nama "seni"?

DOA PENYUCIAN

Tuhan Yesus, aku datang kepada-Mu memohon detoksifikasi rohani sepenuhnya. Singkapkan setiap mantra terselubung yang telah kumasukkan ke dalam hidupku melalui musik, mode, gim, atau media. Aku bertobat karena telah menonton, memakai, dan mendengarkan apa yang mencemarkan nama-Mu. Hari ini, aku memutuskan ikatan jiwa. Aku mengusir setiap roh pemberontakan, sihir, hawa nafsu, kebingungan, atau siksaan. Bersihkan mata, telinga, dan hatiku. Kini aku persembahkan tubuh, media, dan pilihan-pilihanku hanya kepada-Mu. Dalam nama Yesus. Amin.

HARI KE-37: ALTAR KEKUASAAN YANG TAK TERLIHAT — FREEMASON, KABBALAH, & ELIT OKULT

"*Sekali lagi, Iblis membawa-Nya ke atas gunung yang sangat tinggi dan memperlihatkan kepada-Nya semua kerajaan dunia dan kemegahannya. Katanya, 'Semua ini akan kuberikan kepada-Mu, asal Engkau sujud menyembah aku.'*" — Matius 4:8–9

"*Kamu tidak dapat minum dari cawan Tuhan dan juga dari cawan roh-roh jahat. Kamu tidak dapat mendapat bagian dalam perjamuan Tuhan dan juga dalam perjamuan roh-roh jahat.*" — 1 Korintus 10:21

Ada altar yang tersembunyi bukan di gua, tetapi di ruang rapat.

Roh tidak hanya ada di hutan — tetapi juga di gedung-gedung pemerintahan, gedung-gedung keuangan, perpustakaan Ivy League, dan tempat-tempat suci yang disamarkan sebagai "gereja."

Selamat datang di dunia **okultisme elit** :

Freemason, Rosicrucian , Kabballis , ordo Jesuit, Bintang Timur, dan pendeta Luciferian tersembunyi yang **menyelubungi pengabdian mereka kepada Setan dalam ritual, kerahasiaan, dan simbol** . Dewa-dewa mereka adalah akal budi, kekuatan, dan pengetahuan kuno—tetapi jiwa mereka **telah dijanjikan kepada kegelapan** .

Tersembunyi di Depan Mata

- **Freemasonry** menyamar sebagai persaudaraan pembangun — namun tingkatan yang lebih tinggi darinya menyerukan entitas setan, bersumpah untuk mati, dan mengagungkan Lucifer sebagai "pembawa cahaya."
- **Kabbalah** menjanjikan akses mistis kepada Tuhan — tetapi secara halus menggantikan Yahweh dengan peta energi kosmik dan

numerologi.
- **Mistisisme Jesuit**, dalam bentuknya yang rusak, sering kali memadukan gambaran Katolik dengan manipulasi spiritual dan pengendalian sistem dunia.
- **Hollywood, Mode, Keuangan, & Politik** semuanya membawa pesan-pesan berkode, simbol-simbol, dan **ritual-ritual publik yang sebenarnya merupakan ibadah kepada Lucifer**.

Anda tidak perlu menjadi selebritas untuk terpengaruh. Sistem-sistem ini **mencemari negara** melalui:

- Pemrograman media
- Sistem pendidikan
- Kompromi agama
- Ketergantungan finansial
- Ritual yang disamarkan sebagai "inisiasi," "janji," atau "kesepakatan merek"

Kisah Nyata – "Pondok Merusak Silsilah Saya"

Solomon (nama samaran), seorang tokoh bisnis sukses dari Inggris, bergabung dengan sebuah loji Masonik untuk membangun jaringan. Ia meroket dengan cepat, meraih kekayaan dan prestise. Namun, ia juga mulai mengalami mimpi buruk yang mengerikan — pria berjubah memanggilnya, sumpah darah, dan hewan-hewan gelap mengejarnya. Putrinya mulai melukai dirinya sendiri, mengaku ada "kehadiran" yang membuatnya melakukannya.

Suatu malam, ia melihat seorang pria di kamarnya—setengah manusia, setengah serigala—yang berkata kepadanya: *"Kau milikku. Harganya telah dibayar."* Ia menghubungi sebuah pelayanan pembebasan. Butuh **tujuh bulan penyangkalan, puasa, ritual muntah, dan mengganti setiap ikatan gaib** —sebelum kedamaian datang.

Ia kemudian menemukan: **Kakeknya adalah seorang tukang batu tingkat 33. Ia hanya melanjutkan warisan tersebut tanpa sepengetahuannya.**

Jangkauan Global

- **Afrika** – Perkumpulan rahasia di antara para penguasa suku, hakim,

pendeta — yang bersumpah setia pada sumpah darah demi kekuasaan.
- **Eropa** – Ksatria Malta, pondok Illuminati, dan universitas esoterik elit.
- **Amerika Utara** – Fondasi Masonik terdapat pada sebagian besar dokumen pendirian, struktur pengadilan, dan bahkan gereja.
- **Asia** – Kultus naga tersembunyi, ordo leluhur, dan kelompok politik yang berakar pada hibrida Buddhisme-perdukunan.
- **Amerika Latin** – Kultus sinkretik yang memadukan orang-orang kudus Katolik dengan roh-roh Luciferian seperti Santa Muerte atau Baphomet.

Rencana Aksi — Melarikan Diri dari Altar Elit

1. **Menolak** segala keterlibatan dalam Freemasonry, Bintang Timur, sumpah Jesuit, buku-buku Gnostik, atau sistem mistik — bahkan studi "akademis" tentang hal-hal tersebut.
2. **Hancurkan** perhiasan, cincin, pin, buku, celemek, foto, dan simbol.
3. **Patahkan kutukan kata-kata** — terutama sumpah kematian dan sumpah inisiasi. Gunakan Yesaya 28:18 ("Perjanjianmu dengan maut akan dibatalkan...").
4. **Puasa 3 hari** sambil membaca Yehezkiel 8, Yesaya 47, dan Wahyu 17.
5. **Ganti altar** : Dedikasikan kembali dirimu hanya kepada altar Kristus (Roma 12:1–2). Perjamuan Kudus. Ibadah. Pengurapan.

Kau tak bisa berada di istana surga dan istana Lucifer pada saat yang bersamaan. Pilihlah altarmu.

Aplikasi Grup

- Petakan organisasi elit umum di wilayah Anda — dan berdoalah secara langsung melawan pengaruh spiritual mereka.
- Adakan sesi di mana para anggota dapat secara rahasia mengakui jika keluarga mereka terlibat dalam Freemasonry atau aliran sesat serupa.
- Bawalah minyak dan komuni — pimpin penolakan massal terhadap sumpah, ritual, dan segel yang dibuat secara rahasia.

- Hancurkan harga diri — ingatkan kelompok: **Tidak ada akses yang sepadan dengan jiwa Anda.**

Wawasan Utama
Perkumpulan rahasia menjanjikan terang. Namun, hanya Yesuslah Terang Dunia. Setiap altar lain menuntut darah—tetapi tidak dapat menyelamatkan.

Jurnal Refleksi

- Apakah ada orang di garis keturunan saya yang terlibat dalam perkumpulan rahasia atau "ordo"?
- Apakah saya pernah membaca atau memiliki buku-buku gaib yang disamarkan sebagai teks akademis?
- Simbol apa (pentagram, mata yang melihat segalanya, matahari, ular, piramida) yang tersembunyi dalam pakaian, karya seni, atau perhiasan saya?

Doa Penolakan
Bapa, aku menolak setiap perkumpulan rahasia, pondok, sumpah, ritual, atau altar yang tidak didirikan atas dasar Yesus Kristus. Aku melanggar perjanjian leluhurku, garis keturunanku, dan mulutku sendiri. Aku menolak Freemasonry, Kabbalah, mistisisme, dan setiap pakta tersembunyi yang dibuat untuk kekuasaan. Aku menghancurkan setiap simbol, setiap segel, dan setiap kebohongan yang menjanjikan terang tetapi mendatangkan perbudakan. Yesus, aku menobatkan-Mu kembali sebagai satu-satunya Tuanku. Pancarkanlah terang-Mu ke dalam setiap tempat rahasia. Dalam nama-Mu, aku berjalan bebas. Amin.

HARI KE-38: PERJANJIAN RAHIM & KERAJAAN AIR — KETIKA TAKDIR DIKOTORKAN SEBELUM LAHIR

"*Orang fasik telah menyimpang sejak dari kandungan, mereka telah sesat sejak mereka dilahirkan, mereka berbicara dusta.*" — Mazmur 58:3

"*Sebelum Aku membentuk engkau dalam rahim ibumu, Aku telah mengenal engkau, dan sebelum engkau keluar dari kandungan, Aku telah menguduskan engkau...*" — Yeremia 1:5

Bagaimana jika pertempuran yang Anda hadapi tidak dimulai dengan pilihan Anda — tetapi konsepsi Anda?

Bagaimana jika nama Anda diucapkan di tempat-tempat gelap saat Anda masih dalam kandungan?

Bagaimana jika **identitas Anda dipertukarkan**, **takdir Anda dijual**, dan **jiwa Anda ditandai** — sebelum Anda mengambil napas pertama?

Inilah realitas **inisiasi bawah air**, **perjanjian roh laut**, dan **klaim rahim gaib** yang **mengikat generasi**, terutama di wilayah dengan ritual leluhur dan pesisir yang mendalam.

Kerajaan Air — Tahta Setan di Bawah

Di alam gaib, Setan **tak hanya menguasai udara**. Ia juga menguasai **dunia laut** — jaringan luas roh, altar, dan ritual iblis di bawah samudra, sungai, dan danau.

Roh laut (umumnya disebut *Mami Wata*, *Ratu Pantai*, *istri/suami roh*, dll.) bertanggung jawab untuk:

- Kematian dini
- Kemandulan dan keguguran
- Perbudakan seksual dan mimpi
- Siksaan mental

- Penyakit pada bayi baru lahir
- Pola naik-turun bisnis

Namun bagaimana minuman keras ini memperoleh **dasar hukum** ?
Di rahim.
Inisiasi Tak Terlihat Sebelum Kelahiran

- **Persembahan leluhur** – Seorang anak yang "dijanjikan" kepada dewa jika lahir sehat.
- **Pendeta wanita gaib** menyentuh rahim saat hamil.
- **Nama perjanjian** yang diberikan oleh keluarga — tanpa disadari menghormati ratu laut atau roh.
- **Ritual kelahiran** yang dilakukan dengan air sungai, jimat, atau herbal dari kuil.
- **Penguburan tali pusar** disertai mantra.
- **Kehamilan di lingkungan okultisme** (misalnya, pondok Freemasonry, pusat zaman baru, aliran poligami).

Beberapa anak terlahir dalam kondisi terbudak. Itulah sebabnya mereka berteriak keras saat lahir — roh mereka merasakan kegelapan.

Kisah Nyata – "Bayiku Milik Sungai"

Jessica, dari Sierra Leone, telah berusaha untuk hamil selama 5 tahun. Akhirnya, ia hamil setelah seorang "nabi" memberinya sabun untuk mandi dan minyak untuk dioleskan ke rahimnya. Bayinya lahir dengan kuat — tetapi pada usia 3 bulan, ia mulai menangis tanpa henti, selalu di malam hari. Ia benci air, berteriak saat mandi, dan akan gemetar tak terkendali ketika dibawa ke dekat sungai.

Suatu hari, putranya kejang-kejang dan meninggal selama 4 menit. Ia sadar kembali — dan **mulai berbicara dengan kata-kata lengkap pada usia 9 bulan** : "Aku bukan milikmu di sini. Aku milik Ratu."

Ketakutan, Jessica mencari pembebasan. Anak itu baru dibebaskan setelah 14 hari berpuasa dan berdoa untuk melepaskan diri — suaminya harus menghancurkan berhala keluarga yang disembunyikan di desanya sebelum siksaan itu berakhir.

Bayi tidak dilahirkan tanpa apa-apa. Mereka dilahirkan dalam pertempuran yang harus kita perjuangkan demi mereka.

PARALEL GLOBAL

- **Afrika** – Altar sungai, persembahan Mami Wata , ritual plasenta.
- **Asia** – Roh air yang dipanggil selama kelahiran menurut agama Buddha atau animisme.
- **Eropa** – perjanjian bidan Druid, ritual air leluhur , dedikasi freemasonik.
- **Amerika Latin** – Penamaan Santeria, roh sungai (misalnya, Oshun), kelahiran berdasarkan bagan astrologi.
- **Amerika Utara** – Ritual melahirkan zaman baru, hypno-birthing dengan pemandu roh, "upacara pemberkatan" oleh medium.

Tanda-tanda Perbudakan yang Dimulai dari Rahim

- Pola keguguran yang berulang antar generasi
- Teror malam pada bayi dan anak-anak
- Infertilitas yang tidak dapat dijelaskan meskipun sudah ada izin medis
- Mimpi air yang konstan (lautan, banjir, berenang, putri duyung)
- Ketakutan irasional terhadap air atau tenggelam
- Merasa "diklaim" — seolah ada sesuatu yang mengawasi sejak lahir

Rencana Aksi — Memutus Perjanjian Rahim

1. **Mintalah Roh Kudus** untuk mengungkapkan apakah Anda (atau anak Anda) diinisiasi melalui ritual rahim.
2. **Batalkan** segala perjanjian yang dibuat selama kehamilan — baik secara sadar maupun tidak sadar.
3. **Berdoalah mengenai kisah kelahiran Anda sendiri** — bahkan jika ibu Anda tidak ada, berbicaralah sebagai penjaga spiritual yang sah dalam hidup Anda.

4. **Berpuasa dengan Yesaya 49 dan Mazmur 139** – untuk mendapatkan kembali cetak biru ilahi Anda.
5. **Jika hamil**: Urapi perutmu dan berbicaralah setiap hari atas anakmu yang belum lahir:

"Kamu dipisahkan bagi Tuhan. Tak ada roh air, darah, atau kegelapan yang akan memilikimu. Kamu milik Yesus Kristus — tubuh, jiwa, dan roh."

Aplikasi Grup

- Minta peserta untuk menuliskan apa yang mereka ketahui tentang kisah kelahiran mereka — termasuk ritual, bidan, atau acara pemberian nama.
- Dorong orang tua untuk mempersembahkan kembali anak-anak mereka dalam "Kebaktian Penamaan dan Perjanjian yang Berpusat pada Kristus."
- Pimpin doa yang melanggar perjanjian air menggunakan *Yesaya 28:18*, *Kolose 2:14*, dan *Wahyu 12:11*.

Wawasan Utama

Rahim adalah sebuah gerbang—dan apa pun yang melewatinya sering kali masuk membawa muatan spiritual. Namun, tak ada altar rahim yang lebih agung daripada Salib.

Jurnal Refleksi

- Apakah ada benda, minyak, jimat, atau nama yang terlibat dalam konsepsi atau kelahiran saya?
- Apakah saya mengalami serangan spiritual yang dimulai di masa kanak-kanak?
- Apakah tanpa sadar aku telah mewariskan perjanjian laut kepada anak cucuku?

Doa Pembebasan

Bapa Surgawi, Engkau mengenalku sebelum aku diciptakan. Hari ini aku melanggar setiap perjanjian tersembunyi, ritual air, dan persembahan iblis yang dilakukan pada atau sebelum kelahiranku. Aku menolak setiap

klaim roh laut, roh yang dikenal, atau altar rahim generasi. Biarlah darah Yesus menulis ulang kisah kelahiranku dan kisah anak-anakku. Aku dilahirkan dari Roh — bukan dari altar air. Dalam nama Yesus. Amin.

HARI KE-39: DIBAPTIS DENGAN AIR KE DALAM PERBUDAKAN — BAGAIMANA BAYI, INISIAL & PERJANJIAN YANG TAK TERLIHAT MEMBUKA PINTU

"*Mereka menumpahkan darah orang yang tidak bersalah, darah anak laki-laki dan anak perempuan mereka, yang mereka korbankan kepada berhala-berhala Kanaan, dan tanah itu menjadi najis karena darah mereka.*" — Mazmur 106:38

"*Dapatkah jarahan direbut dari pahlawan, atau tawanan diluputkan dari orang yang bengis?" Tetapi beginilah firman Tuhan: "Ya, tawanan akan direbut dari pahlawan, dan jarahan direbut kembali dari orang yang bengis...*" — Yesaya 49:24–25

Banyak takdir yang tidak hanya **tergelincir di masa dewasa** — tapi juga **dibajak di masa bayi**.

Upacara pemberian nama yang tampak polos itu...

Berendam santai di air sungai "untuk memberkati anak"...

Koin di tangan... Luka di bawah lidah... Minyak dari "nenek spiritual"... Bahkan inisial yang diberikan saat lahir...

Semuanya mungkin tampak kultural. Tradisional. Tidak berbahaya.

Namun kerajaan kegelapan **tersembunyi dalam tradisi**, dan banyak anak-anak telah **diinisiasi secara diam-diam** sebelum mereka dapat mengucapkan "Yesus."

Kisah Nyata – "Saya Dinamai oleh Sungai"

Di Haiti, seorang anak laki-laki bernama Malick tumbuh dengan rasa takut yang aneh terhadap sungai dan badai. Sewaktu balita, ia dibawa oleh neneknya ke sungai untuk "diperkenalkan kepada roh-roh" demi perlindungan. Ia mulai mendengar suara-suara pada usia 7 tahun. Pada usia 10 tahun, ia menerima kunjungan malam. Pada usia 14 tahun, ia mencoba bunuh diri setelah merasa ada "kehadiran" yang selalu berada di sisinya.

Pada suatu pertemuan pembebasan, iblis-iblis itu menampakkan diri dengan ganas, berteriak, "Kami masuk ke sungai! Kami dipanggil namanya!" Namanya, " Malick ," merupakan bagian dari tradisi pemberian nama rohani untuk "menghormati ratu sungai." Hingga ia diubah namanya menjadi Kristus, siksaan terus berlanjut. Ia kini melayani dalam pembebasan di antara kaum muda yang terjebak dalam upacara-upacara persembahan leluhur.

Bagaimana Itu Terjadi — Perangkap Tersembunyi

1. **Inisial sebagai Perjanjian**
   Beberapa inisial, terutama yang terkait dengan nama leluhur, dewa keluarga, atau dewa air (misalnya, "MM" = Mami/Marinir; "OL" = Silsilah Oya/Orisha), bertindak sebagai tanda tangan setan.
2. **Pencelupan Bayi di Sungai/Sungai Kecil**
   Dilakukan "untuk perlindungan" atau "pembersihan," ini sering kali merupakan **pembaptisan ke dalam roh laut** .
3. **Upacara Pemberian Nama Rahasia**
   Di mana nama lain (berbeda dari nama yang diketahui publik) dibisikkan atau diucapkan di depan altar atau kuil.
4. **Ritual Tanda Lahir**
   Minyak, abu, atau darah dioleskan pada dahi atau anggota tubuh untuk "menandai" seorang anak bagi roh.
5. **Pemakaman Tali Pusar dengan Air**
   Tali pusar dijatuhkan ke sungai, aliran air, atau dikubur dengan mantra air—mengikat anak ke altar air.

Jika orang tuamu tidak mengikat janji setia kepadamu dengan Kristus, kemungkinan besar ada orang lain yang mengakuimu.

Praktik Ikatan Rahim Gaib Global

- **Afrika** – Memberi nama bayi dengan nama dewa sungai, mengubur tali di dekat altar laut.
- **Karibia/Amerika Latin** – Ritual pembaptisan Santeria,

persembahan gaya Yoruba dengan rempah-rempah dan benda-benda sungai.
- **Asia** – Ritual Hindu yang melibatkan air Gangga, penamaan yang dihitung secara astrologi dikaitkan dengan roh unsur.
- **Eropa** – Tradisi penamaan Druid atau esoterik yang mengacu pada penjaga hutan/air.
- **Amerika Utara** – Dedikasi ritual penduduk asli, pemberkatan bayi Wicca modern, upacara pemberian nama zaman baru yang memohon pada "penuntun kuno."

Bagaimana Saya Tahu?

- Siksaan masa kecil yang tidak dapat dijelaskan, penyakit, atau "teman khayalan"
- Mimpi sungai, putri duyung, dikejar air
- Keengganan terhadap gereja tetapi ketertarikan pada hal-hal mistis
- Perasaan yang mendalam bahwa dirinya "diikuti" atau diawasi sejak lahir
- Menemukan nama kedua atau upacara yang tidak diketahui terkait dengan masa bayi Anda

Rencana Aksi – Menebus Masa Bayi

1. **Tanyakan kepada Roh Kudus** : Apa yang terjadi ketika saya lahir? Tangan rohani apa yang menyentuh saya?
2. **Tolak semua pengabdian tersembunyi**, bahkan jika dilakukan dalam ketidaktahuan: "Saya menolak perjanjian apa pun yang dibuat atas nama saya yang bukan dengan Tuhan Yesus Kristus."
3. **Putuskan hubungan dengan nama leluhur, inisial, dan token** .
4. **Gunakan Yesaya 49:24–26, Kolose 2:14, dan 2 Korintus 5:17** untuk menyatakan identitas di dalam Kristus.
5. Bila perlu, **adakan upacara peresmian ulang** — persembahkan diri Anda (atau anak-anak Anda) kepada Tuhan kembali, dan nyatakan nama-nama baru jika dipimpin.

APLIKASI GRUP

- Ajaklah peserta untuk meneliti kisah di balik nama mereka.
- Ciptakan ruang untuk penamaan ulang spiritual jika dipimpin — izinkan orang untuk mengklaim nama seperti "Daud," "Ester," atau identitas yang dipimpin roh.
- Pimpin kelompok dalam *pembaptisan ulang simbolis* pengabdian — bukan pencelupan dalam air, tetapi pengurapan dan perjanjian berbasis firman dengan Kristus.
- Mintalah orang tua untuk melanggar perjanjian atas anak-anak mereka dalam doa: "Kamu milik Yesus — tidak ada roh, sungai, atau ikatan leluhur yang memiliki dasar hukum."

Wawasan Utama

Awalmu penting. Tapi itu tak harus menentukan akhirmu. Setiap tuntutan sungai dapat dipatahkan oleh sungai darah Yesus.

Jurnal Refleksi

- Nama atau inisial apa yang diberikan kepada saya, dan apa artinya?
- Apakah ada ritual rahasia atau budaya yang dilakukan saat kelahiran saya yang perlu saya tinggalkan?
- Apakah saya benar-benar telah mendedikasikan hidup saya — tubuh, jiwa, nama, dan identitas saya — kepada Tuhan Yesus Kristus?

Doa Penebusan

Ya Allah, aku datang di hadapan-Mu dalam nama Yesus. Aku menolak setiap perjanjian, dedikasi, dan ritual yang dilakukan saat kelahiranku. Aku menolak setiap pemberian nama, inisiasi air, dan klaim leluhur. Baik melalui inisial, pemberian nama, maupun altar tersembunyi — aku membatalkan setiap hak iblis atas hidupku. Sekarang aku menyatakan bahwa aku sepenuhnya milik-Mu. Namaku tertulis dalam Kitab Kehidupan. Masa laluku ditutupi oleh darah Yesus, dan identitasku dimeteraikan oleh Roh Kudus. Amin.

HARI KE-40: DARI YANG DIBERIKAN MENJADI YANG MEMBERIKAN — RASA SAKITMU ADALAH TAKDIRMU

"*Tetapi bangsa yang mengenal Allah mereka akan menjadi kuat dan melakukan perbuatan-perbuatan yang hebat.*" — Daniel 11:32
"*Lalu Tuhan membangkitkan hakim-hakim, yang menyelamatkan mereka dari tangan perampok-perampok itu.*" — Hakim-hakim 2:16

Anda tidak dibebaskan hanya untuk duduk diam di gereja.

Anda tidak dibebaskan hanya untuk bertahan hidup. Anda dibebaskan **untuk membebaskan orang lain**.

Yesus yang sama yang menyembuhkan orang kerasukan di Markus 5 mengirimnya kembali ke Dekapolis untuk menceritakan kisahnya. Tidak ada seminari. Tidak ada pentahbisan. Hanya **kesaksian yang membara** dan mulut yang terbakar.

Kaulah pria itu. Wanita itu. Keluarga itu. Bangsa itu.

Rasa sakit yang kau tanggung kini menjadi senjatamu.

Siksaan yang kau hindari adalah terompetmu. Apa yang menahanmu dalam kegelapan kini menjadi **panggung kekuasaanmu**.

Kisah Nyata – Dari Pengantin Marinir Menjadi Pendeta Pembebasan

Rebecca, dari Kamerun, adalah mantan pengantin roh laut. Ia diinisiasi pada usia 8 tahun dalam sebuah upacara penamaan di pesisir. Pada usia 16 tahun, ia berhubungan seks dalam mimpi, mengendalikan pria dengan matanya, dan telah menyebabkan banyak perceraian melalui sihir. Ia dikenal sebagai "kutukan cantik".

Ketika ia bertemu Injil di universitas, iblis-iblisnya mengamuk. Butuh enam bulan berpuasa, pembebasan, dan pemuridan yang mendalam sebelum ia terbebas.

Kini, ia mengadakan konferensi pembebasan bagi para perempuan di seluruh Afrika. Ribuan orang telah dibebaskan melalui ketaatannya.

Bagaimana jika dia tetap diam?

Kebangkitan Apostolik — Para Pembebas Global Sedang Lahir

- **Di Afrika**, mantan dukun sekarang mendirikan gereja.
- **Di Asia**, mantan penganut Buddha memberitakan Kristus di rumah-rumah rahasia.
- **Di Amerika Latin**, mantan pendeta Santeria kini mendobrak altar.
- **Di Eropa**, mantan penganut ilmu gaib memimpin kajian Alkitab ekspositori secara daring.
- **Di Amerika Utara**, para penyintas tipu daya zaman baru memimpin Zoom pembebasan setiap minggu.

Mereka adalah **mereka yang tidak mungkin**, mereka yang hancur, mantan budak kegelapan yang kini berjalan menuju cahaya — dan **Anda adalah salah satunya**.

Rencana Aksi Akhir – Ikuti Panggilan Anda

1. **Tulis kesaksianmu** — meskipun menurutmu itu tidak dramatis. Seseorang membutuhkan kisah kebebasanmu.
2. **Mulailah dari yang kecil** — Berdoalah untuk seorang teman. Adakan pendalaman Alkitab. Bagikan proses pembebasan Anda.
3. **Jangan pernah berhenti belajar** — Para pengantar tetap berada dalam Firman, tetap bertobat, dan tetap tajam.
4. **Lindungi keluarga Anda** — Nyatakan setiap hari bahwa kegelapan berakhir pada Anda dan anak-anak Anda.
5. **Nyatakan zona perang spiritual** — Tempat kerja Anda, rumah Anda, jalan Anda. Jadilah penjaga gerbangnya.

Komisioning Grup

Hari ini bukan sekedar pengabdian — ini adalah **upacara pelantikan**.

- Olesi kepala masing-masing dengan minyak dan katakan:

"Kamu dibebaskan untuk dibebaskan. Bangkitlah, Hakim Tuhan."

- Nyatakan dengan lantang sebagai sebuah kelompok:

"Kita bukan lagi penyintas. Kita adalah pejuang. Kita membawa cahaya, dan kegelapan menggetarkan."

- Tunjuk pasangan doa atau mitra akuntabilitas untuk terus bertumbuh dalam keberanian dan dampak.

Wawasan Utama

Balas dendam terbesar terhadap kerajaan kegelapan bukan hanya kebebasan.

Melainkan perkalian.

Jurnal Refleksi Akhir

- Momen apa yang membuat saya tahu bahwa saya telah menyeberang dari kegelapan menuju cahaya?
- Siapa yang perlu mendengar ceritaku?
- Di mana saya dapat mulai menyinari cahaya dengan sengaja minggu ini?
- Apakah saya bersedia diejek, disalahpahami, dan ditentang — demi membebaskan orang lain?

Doa Pengukuhan

Ya Allah, aku bersyukur kepada-Mu atas 40 hari api, kebebasan, dan kebenaran. Engkau menyelamatkanku bukan hanya untuk melindungiku — Engkau membebaskanku untuk membebaskan orang lain. Hari ini, aku menerima jubah ini. Kesaksianku adalah pedang. Bekas lukaku adalah senjata. Doaku adalah palu. Ketaatanku adalah penyembahan. Kini aku berjalan dalam nama Yesus — sebagai pemantik api, penyelamat, pembawa terang. Aku milik-Mu. Kegelapan tak punya tempat di dalamku, dan tak punya tempat di sekitarku. Aku mengambil tempatku. Dalam nama Yesus. Amin.

DEKLARASI HARIAN 360° TENTANG PEMBEBASAN & KUASA – Bagian 1

"*Senjata apa pun yang ditempa terhadapmu tidak akan berhasil, dan setiap orang yang melontarkan tuduhan terhadapmu dalam penghakiman akan kauhukum. Inilah warisan hamba-hamba Tuhan...*" — Yesaya 54:17

Hari ini dan setiap hari, aku mengambil posisiku sepenuhnya di dalam Kristus — roh, jiwa, dan tubuh.

Aku menutup setiap pintu — yang diketahui maupun yang tidak diketahui — menuju kerajaan kegelapan.

Saya memutuskan semua kontak, kontrak, perjanjian, atau persekutuan dengan altar jahat, roh leluhur, pasangan roh, masyarakat okultisme, ilmu sihir, dan aliansi setan — demi darah Yesus!

Saya menyatakan bahwa saya tidak untuk dijual. Saya tidak dapat diakses. Saya tidak dapat direkrut. Saya tidak dapat diinisiasi ulang.

Setiap ajakan setan, pengawasan rohani, atau ajakan jahat — biarlah tersebar dengan api, dalam nama Yesus!

Aku mengikatkan diriku pada pikiran Kristus, kehendak Bapa, dan suara Roh Kudus.

Aku berjalan dalam terang, kebenaran, kuasa, kemurnian, dan tujuan.

Saya menutup setiap mata ketiga, gerbang psikis, dan portal jahat yang terbuka melalui mimpi, trauma, seks, ritual, media, atau ajaran palsu.

Biarkan api Tuhan membakar habis setiap endapan ilegal dalam jiwaku, dalam nama Yesus.

Aku berbicara kepada udara, darat, laut, bintang, dan langit — kalian tidak akan bertindak melawan aku.

Setiap altar, agen, pengamat, atau iblis bisikan tersembunyi yang ditugaskan untuk melawan hidupku, keluargaku, panggilanku, atau wilayahku — dilucuti dan dibungkam oleh darah Yesus!

Aku merendam pikiranku dalam Firman Tuhan.

Aku menyatakan mimpiku disucikan. Pikiranku terlindungi. Tidurku kudus. Tubuhku adalah bait api.

Mulai saat ini dan seterusnya, aku berjalan dalam pembebasan 360 derajat — tak ada yang tersembunyi, tak ada yang terlewat.

Setiap belenggu yang masih melekat hancur. Setiap kuk generasi hancur. Setiap dosa yang tak bertobat terbongkar dan dibersihkan.

Saya nyatakan:

- **Kegelapan tidak memiliki kekuasaan atasku.**
- **Rumahku adalah zona kebakaran.**
- **Gerbangku tersegel dalam kemuliaan.**
- **Aku hidup dalam ketaatan dan berjalan dalam kuasa.**

Aku bangkit sebagai penyelamat bagi generasiku.

Aku takkan menoleh ke belakang. Aku takkan mundur. Akulah cahaya. Akulah api. Aku bebas. Dalam nama Yesus yang mahakuasa. Amin!

DEKLARASI HARIAN 360° TENTANG PEMBEBASAN & KUASA – Bagian 2

Perlindungan dari ilmu sihir, ilmu hitam, ahli nujum, medium, dan saluran setan

Pembebasan bagi diri sendiri dan orang lain yang berada di bawah pengaruh atau perbudakan mereka

Pembersihan dan penutupan melalui darah Yesus

Pemulihan kesehatan, identitas, dan kebebasan di dalam Kristus

Perlindungan dan Kebebasan dari Sihir, Medium, Ahli Nujum, dan Perbudakan Rohani

(Melalui Darah Yesus dan Firman Kesaksian Kita)

"Dan mereka mengalahkan dia oleh darah Anak Domba, dan oleh perkataan kesaksian mereka..."

— *Wahyu 12:11*

"Tuhan ... menggagalkan tanda-tanda nabi palsu dan membodohi para peramal ... meneguhkan firman hamba-Nya dan menggenapi nasihat para utusan-Nya."

— *Yesaya 44:25–26*

"Roh Tuhan ada padaku... untuk memberitakan pembebasan kepada orang-orang tawanan dan kelepasan kepada orang-orang yang terkurung..."

— *Lukas 4:18*

DOA PEMBUKAAN:

Ya Allah, aku datang dengan berani hari ini oleh darah Yesus. Aku mengakui kuasa dalam nama-Mu dan menyatakan bahwa hanya Engkaulah penyelamat dan pembelaku. Aku berdiri sebagai hamba dan saksi-Mu, dan aku menyatakan Firman-Mu dengan berani dan penuh kuasa hari ini.

PERNYATAAN PERLINDUNGAN DAN PEMBEBASAN

1. Pembebasan dari Ilmu Sihir, Medium, Ahli Nujum, dan Pengaruh Spiritual:

- Saya **mematahkan dan meninggalkan** semua kutukan, mantra, ramalan, sihir, manipulasi, pemantauan, proyeksi astral, atau ikatan jiwa—baik yang diucapkan maupun dilakukan—melalui ilmu sihir, ilmu hitam, medium, atau jalur spiritual.
- Saya **menyatakan** bahwa **darah Yesus** melawan setiap roh jahat yang berusaha mengikat, mengalihkan perhatian, menipu, atau memanipulasi saya atau keluarga saya.
- Saya perintahkan **semua gangguan rohani, kepemilikan, penindasan, atau perbudakan jiwa** untuk dipatahkan sekarang juga oleh otoritas dalam nama Yesus Kristus.
- Aku menyampaikan **pembebasan untuk diriku sendiri dan untuk setiap orang yang secara sadar maupun tidak sadar berada di bawah pengaruh sihir atau cahaya palsu**. Keluarlah sekarang! Bebaskan dirimu, dalam nama Yesus!
- Saya menyerukan api Tuhan untuk **membakar setiap kuk rohani, kontrak setan, dan altar** yang didirikan dalam roh untuk memperbudak atau menjerat takdir kita.

"Tidak ada sihir yang dapat melawan Yakub, dan tidak ada tenung yang dapat melawan Israel." — *Bilangan 23:23*

2. Pembersihan dan Perlindungan Diri, Anak, dan Keluarga:

- Saya memohon darah Yesus atas **pikiran, jiwa, roh, tubuh, emosi, keluarga, anak-anak, dan pekerjaan saya.**
- Saya menyatakan: Saya dan rumah saya **dimeteraikan oleh Roh Kudus dan disembunyikan bersama Kristus di dalam Allah.**
- Tak satu pun senjata yang ditempa melawan kita akan berhasil. Setiap lidah yang berkata jahat terhadap kita akan **dihakimi dan**

dibungkam dalam nama Yesus.
- Saya meninggalkan dan mengusir semua **roh ketakutan, siksaan, kebingungan, godaan, atau kendali**.

"Akulah TUHAN, yang menggagalkan tanda-tanda para pendusta..." — *Yesaya 44:25*

3. Pemulihan Identitas, Tujuan, dan Pikiran yang Sehat:

- Saya mendapatkan kembali setiap bagian jiwa dan identitas saya yang **diperdagangkan, dijebak, atau dicuri** melalui penipuan atau kompromi spiritual.
- Saya nyatakan: Saya memiliki **pikiran Kristus**, dan saya berjalan dalam kejelasan, kebijaksanaan, dan otoritas.
- Saya nyatakan: Saya **terbebas dari setiap kutukan turun-temurun dan sihir rumah tangga**, dan saya berjalan dalam perjanjian dengan Tuhan.

"Allah memberikan kepadaku bukan roh ketakutan, melainkan roh yang membangkitkan kekuatan, kasih dan ketertiban." — *2 Timotius 1:7*

4. Perlindungan dan Kemenangan Harian di dalam Kristus:

- Saya nyatakan: Hari ini, saya berjalan dalam **perlindungan ilahi, kebijaksanaan, dan kedamaian**.
- Darah Yesus berbicara **hal-hal yang lebih baik** bagi saya—perlindungan, penyembuhan, otoritas, dan kebebasan.
- Setiap tugas jahat yang ditetapkan untuk hari ini telah dibatalkan. Aku berjalan dalam kemenangan dan kejayaan di dalam Kristus Yesus.

"Seribu orang mungkin rebah di sisiku, dan sepuluh ribu di sebelah kananku, tetapi mereka tidak akan mendekatiku..." — *Mazmur 91:7*

PERNYATAAN AKHIR DAN KESAKSIAN:

"Saya mengatasi segala bentuk kegelapan, ilmu sihir, ilmu hitam, ilmu hitam, manipulasi psikis, perusakan jiwa, dan pemindahan roh jahat—bukan dengan kekuatan saya, melainkan **dengan darah Yesus dan Firman kesaksian saya.**"

Aku nyatakan: **Aku telah dibebaskan. Rumah tanggaku telah dibebaskan.** Setiap kuk yang tersembunyi telah dipatahkan. Setiap jerat telah dibuka. Setiap terang yang palsu telah dipadamkan. Aku berjalan dalam kebebasan. Aku berjalan dalam kebenaran. Aku berjalan dalam kuasa Roh Kudus.

Tuhan meneguhkan firman hamba-Nya dan melaksanakan nasihat utusan-Nya. Demikianlah yang akan terjadi hari ini dan seterusnya.

Dalam nama Yesus yang agung, **Amin.**

REFERENSI KITAB SUCI:

- Yesaya 44:24–26
- Wahyu 12:11
- Yesaya 54:17
- Mazmur 91
- Bilangan 23:23
- Lukas 4:18
- Efesus 6:10–18
- Kolose 3:3
- 2 Timotius 1:7

DEKLARASI HARIAN 360° TENTANG PEMBEBASAN & KUASA - Bagian 3

"*Tuhan adalah pahlawan perang; Tuhan adalah nama-Nya.*" — Keluaran 15:3

"*Mereka mengalahkan dia oleh darah Anak Domba, dan oleh perkataan kesaksian mereka...*" — Wahyu 12:11

Hari ini, aku bangkit dan mengambil tempatku di dalam Kristus — duduk di tempat surgawi, jauh di atas segala pemerintah, penguasa, takhta, kerajaan, dan tiap-tiap nama yang disebut.

SAYA MENOLAK

Saya menolak setiap perjanjian, sumpah, atau inisiasi yang diketahui dan tidak diketahui:

- Freemasonry (derajat 1 hingga 33)
- Kabbalah dan mistisisme Yahudi
- Bintang Timur dan Rosicrucian
- Ordo Jesuit dan Illuminati
- Persaudaraan setan dan sekte Luciferian
- Roh laut dan perjanjian bawah laut
- Ular kundalini, penyelarasan cakra, dan aktivasi mata ketiga
- Penipuan Zaman Baru, Reiki, yoga Kristen, dan perjalanan astral
- Sihir, ilmu hitam, ilmu hitam, dan kontrak astral
- Ikatan jiwa gaib dari seks, ritual, dan perjanjian rahasia
- Sumpah Masonik atas garis keturunan dan imamat leluhur saya

Saya memutuskan setiap tali pusar spiritual untuk:

- Altar darah kuno
- Api kenabian palsu

- Pasangan roh dan penjajah mimpi
- Geometri suci, kode cahaya, dan doktrin hukum universal
- Kristus palsu, roh-roh jahat, dan roh-roh kudus palsu

Biarlah darah Yesus berbicara atas namaku. Biarlah setiap kontrak dirobek. Biarlah setiap altar dihancurkan. Biarlah setiap identitas iblis dihapuskan — sekarang juga!

SAYA MENYATAKAN

Saya nyatakan:

- Tubuhku adalah bait Roh Kudus yang hidup.
- Pikiranku dijaga oleh helm keselamatan.
- Jiwaku dikuduskan setiap hari melalui pencucian Firman.
- Darahku dibersihkan oleh Kalvari.
- Mimpiku tersegel dalam cahaya.
- Namaku tertulis di Kitab Kehidupan Anak Domba — bukan di catatan okultisme, pondok, buku catatan harian, gulungan, atau meterai mana pun!

SAYA PERINTAH

Saya perintahkan:

- Setiap agen kegelapan — pengamat, monitor, proyektor astral — akan dibutakan dan disebarkan.
- Setiap ikatan ke dunia bawah, dunia laut, dan alam astral — putuskan!
- Setiap noda gelap, implan, luka ritual, atau cap spiritual — dibersihkan dengan api!
- Setiap roh yang berbisik dusta — dibungkamlah sekarang!

SAYA MELEPASKAN DIRI

Saya melepaskan diri dari:

- Semua garis waktu iblis, penjara jiwa, dan sangkar roh
- Semua peringkat dan derajat perkumpulan rahasia

- Semua mantel, tahta, atau mahkota palsu yang pernah kukenakan
- Setiap identitas yang tidak diciptakan oleh Tuhan
- Setiap aliansi, persahabatan, atau hubungan yang didukung oleh sistem gelap

SAYA MENETAPKAN

Saya menetapkan:

- Tembok api kemuliaan mengelilingi aku dan rumah tanggaku
- Malaikat suci di setiap gerbang, portal, jendela, dan jalan setapak
- Kemurnian dalam media, musik, ingatan, dan pikiran saya
- Kebenaran dalam persahabatan, pelayanan, pernikahan, dan misi saya
- Persekutuan yang tak terputus dengan Roh Kudus

SAYA KIRIM

Aku serahkan diriku sepenuhnya kepada Yesus Kristus —
Anak Domba yang disembelih, Raja yang memerintah , Singa yang mengaum.
Aku memilih terang. Aku memilih kebenaran. Aku memilih kepatuhan.
Aku bukan milik kerajaan gelap dunia ini.
Aku milik Kerajaan Allah kita dan Kristus-Nya.

AKU MEMPERINGATKAN MUSUH

Dengan pernyataan ini saya mengeluarkan pemberitahuan kepada:

- Setiap kerajaan tingkat tinggi
- Setiap roh penguasa atas kota, garis keturunan, dan negara
- Setiap penjelajah astral, penyihir, ahli sihir, atau bintang jatuh...

Aku adalah harta yang tak tersentuh.
Namaku tak ditemukan dalam arsipmu. Jiwaku tak untuk diperjualbelikan. Mimpiku berada di bawah kendalimu. Tubuhku bukanlah kuilmu. Masa depanku bukanlah taman bermainmu. Aku tak akan kembali ke perbudakan. Aku tak akan mengulang siklus leluhur. Aku tak akan membawa api asing. Aku tak akan menjadi tempat peristirahatan bagi ular.

SAYA SEGEL

Saya menyegel pernyataan ini dengan:

- Darah Yesus
- Api Roh Kudus
- Otoritas Firman
- Kesatuan Tubuh Kristus
- Suara kesaksianku

Dalam nama Yesus, Amin dan Amin

KESIMPULAN: DARI BERTAHAN HIDUP SAMPAI MENJADI ANAK — TETAP BEBAS, HIDUP BEBAS, MEMBEBASKAN ORANG LAIN

"*Karena itu berdirilah teguh dalam kemerdekaan yang telah Kristus berikan kepada kita, dan jangan mau lagi dikenakan kuk perhambaan.*"
— Galatia 5:1

"*Ia telah membawa mereka keluar dari kegelapan dan bayang-bayang maut, dan Ia telah memutuskan rantai-rantai mereka.*" — Mazmur 107:14

40 hari ini bukan hanya tentang pengetahuan. Melainkan tentang **peperangan**, **kebangkitan**, dan **berjalan dalam kekuasaan**.

Anda telah menyaksikan bagaimana kerajaan gelap beroperasi—secara halus, turun-temurun, terkadang terang-terangan. Anda telah menjelajahi gerbang leluhur, alam mimpi, perjanjian okultisme, ritual global, dan siksaan spiritual. Anda telah menemukan kesaksian tentang rasa sakit yang tak terbayangkan—tetapi juga **pembebasan yang radikal**. Anda telah mendobrak altar, meninggalkan kebohongan, dan menghadapi hal-hal yang terlalu takut diungkapkan oleh banyak mimbar.

NAMUN INI BUKAN AKHIRNYA.

Kini dimulailah perjalanan yang sesungguhnya: **Mempertahankan kebebasanmu. Hidup dalam Roh. Mengajarkan orang lain jalan keluar.**

Mudah sekali melewati 40 hari api dan kembali ke Mesir. Mudah sekali merobohkan altar hanya untuk membangunnya kembali dalam kesendirian, hawa nafsu, atau kelelahan rohani.

Jangan.

Kau bukan lagi **budak sepeda**. Kau adalah **penjaga** tembok. **Penjaga gerbang** bagi keluargamu. **Pejuang** bagi kotamu. **Suara** bagi bangsa-bangsa.

7 TUDUHAN TERAKHIR BAGI MEREKA YANG AKAN MENUJU KUASA

1. **Jagalah gerbangmu.**
   Jangan membuka kembali pintu-pintu rohani melalui kompromi, pemberontakan, hubungan, atau rasa ingin tahu.
   "Jangan beri tempat bagi iblis." — Efesus 4:27
2. **Kendalikan nafsu makan Anda**
   . Puasa harus menjadi bagian dari ritme bulanan Anda. Puasa menyeimbangkan jiwa dan menjaga tubuh Anda tetap terkendali.
3. **Berkomitmenlah pada kemurnian**
   Emosional, seksual, verbal, visual. Ketidakmurnian adalah gerbang nomor satu yang digunakan iblis untuk merangkak kembali.
4. **Kuasai Firman.**
   Kitab Suci bukanlah pilihan. Itu pedang, perisai, dan makanan sehari-harimu. *"Hendaklah perkataan Kristus diam dengan segala kekayaannya di dalam dirimu..."* (Kol. 3:16)
5. **Temukan suku Anda.**
   Pembebasan tidak pernah dimaksudkan untuk dijalani sendirian. Bangun, layani, dan sembuhkan dalam komunitas yang dipenuhi Roh.
6. **Terimalah penderitaan.**
   Ya — penderitaan. Tidak semua siksaan bersifat iblis. Beberapa bersifat pengudusan. Jalani saja. Kemuliaan ada di depan.
   "Setelah kamu menderita seketika lamanya... Ia akan menguatkan, mengokohkan, dan mengokohkan kamu." — 1 Petrus 5:10
7. **Ajarkan kepada orang lain**
   dengan cuma-cuma. Anda telah menerima—sekarang berikanlah dengan cuma-cuma. Bantulah orang lain mendapatkan yang cuma-cuma. Mulailah dari rumah Anda, lingkungan Anda, gereja Anda.

DARI YANG DISERAHKAN MENJADI MURID

Renungan ini adalah seruan global — bukan hanya untuk kesembuhan tetapi juga agar pasukan bangkit.

Sudah **saatnya bagi para gembala** yang dapat mencium bau peperangan.

Sudah **saatnya bagi para nabi** yang tidak gentar menghadapi ular.

Sudah **saatnya bagi para ibu dan ayah** yang melanggar perjanjian generasi dan membangun altar kebenaran.

Sudah **saatnya bagi bangsa-bangsa** untuk diperingatkan, dan bagi Gereja untuk tidak lagi berdiam diri.

KAMU ADALAH PERBEDAANNYA

Ke mana pun Anda pergi dari sini penting. Apa yang Anda bawa penting. Kegelapan yang Anda tinggalkan adalah wilayah yang kini menjadi wewenang Anda.

Pembebasan adalah hak asasimu. Kekuasaan adalah mantelmu.

Sekarang, berjalanlah di dalamnya.

DOA PENUTUP

Tuhan Yesus, terima kasih telah berjalan bersamaku selama 40 hari ini. Terima kasih telah menyingkapkan kegelapan, mematahkan rantai, dan memanggilku ke tempat yang lebih tinggi. Aku menolak untuk kembali. Aku melanggar setiap perjanjian dengan rasa takut, keraguan, dan kegagalan. Aku menerima tugas kerajaan-Ku dengan keberanian. Pakailah aku untuk memerdekakan orang lain. Penuhi aku dengan Roh Kudus setiap hari. Biarlah hidupku menjadi senjata terang—dalam keluargaku, dalam bangsaku, dalam Tubuh Kristus. Aku tidak akan diam. Aku tidak akan kalah. Aku tidak akan menyerah. Aku berjalan dari kegelapan menuju kekuasaan. Selamanya. Dalam nama Yesus. Amin.

Cara Dilahirkan Kembali dan Memulai Hidup Baru bersama Kristus

Mungkin Anda pernah berjalan bersama Yesus sebelumnya, atau mungkin Anda baru saja bertemu-Nya selama 40 hari ini. Namun saat ini, ada sesuatu di dalam diri Anda yang sedang bergejolak.

Kamu siap untuk lebih dari sekadar agama.

Kamu siap untuk **hubungan**.

Kamu siap untuk berkata, "Yesus, aku membutuhkan-Mu."

Inilah kebenarannya:

"Karena semua orang telah berbuat dosa; kita semua telah kehilangan standar kemuliaan Allah... namun Allah, dalam kasih karunia-Nya, dengan cuma-cuma membenarkan kita di hadapan-Nya."

— Roma 3:23–24 (NLT)

Keselamatan tak bisa diraih dengan usaha.

Perbaikan diri tak bisa diraih dengan usaha. Namun, Yesus sudah membayar lunas — dan Dia menunggu untuk menyambutmu pulang.

Cara Dilahirkan Kembali

DILAHIRKAN KEMBALI berarti menyerahkan hidup Anda kepada Yesus — menerima pengampunan-Nya, percaya bahwa Dia mati dan bangkit kembali, dan menerima Dia sebagai Tuhan dan Juru Selamat Anda.

Sederhana. Kuat. Mengubah segalanya.

Doakan Ini dengan Keras:

TUHAN YESUS, AKU PERCAYA Engkau adalah Putra Allah.

Aku percaya Engkau mati untuk dosa-dosaku dan bangkit kembali.

Aku mengaku bahwa aku telah berdosa dan aku membutuhkan pengampunan-Mu.

Hari ini, aku bertobat dan berbalik dari jalan hidupku yang lama.
Aku mengundang-Mu ke dalam hidupku untuk menjadi Tuhan dan Juruselamatku.
Bersihkanlah aku. Penuhi aku dengan Roh-Mu.
Aku menyatakan bahwa aku telah dilahirkan kembali, diampuni, dan dibebaskan.
Mulai hari ini dan seterusnya, aku akan mengikuti-Mu —
dan aku akan hidup mengikuti jejak-Mu.
Terima kasih telah menyelamatkanku. Dalam nama Yesus, amin.

Langkah Berikutnya Setelah Keselamatan

1. **Beritahu Seseorang** – Bagikan keputusan Anda dengan orang yang Anda percaya.
2. **Temukan Gereja Berbasis Alkitab** – Bergabunglah dengan komunitas yang mengajarkan Firman Tuhan dan mengamalkannya. Kunjungi God's Eagle Ministries secara online melalui https://www.otakada.org [1] atau https://chat.whatsapp.com/H67spSun32DDTma8TLh0ov
3. **Dibaptis** – Ambil langkah berikutnya di depan umum untuk menyatakan iman Anda.
4. **Bacalah Alkitab Setiap Hari** – Mulailah dengan Injil Yohanes.
5. **Berdoa Setiap Hari** – Berbicara kepada Tuhan sebagai sahabat dan Bapa.
6. **Tetap Terhubung** – Kelilingi diri Anda dengan orang-orang yang mendukung langkah baru Anda.
7. **Mulailah Proses Pemuridan dalam Komunitas** – Kembangkan hubungan satu lawan satu dengan Yesus Kristus melalui tautan ini

Pemuridan 40 hari 1 - https://www.otakada.org/dapatkan-kursus-pemuridan-online-40-hari-gratis-dalam-perjalanan-bersama-jesus/ [2]

---

1. https://www.otakada.org

2. https://www.otakada.org/get-free-40-days-online-discipleship-course-in-a-journey-with-jesus/

40 Pemuridan 2 - https://www.otakada.org/dapatkan-gratis-40-hari-dna-perjalanan-murid-bersama-jesus-seri-2/[3]

---

[3]. https://www.otakada.org/get-free-40-days-dna-of-discipleship-journey-with-jesus-series-2/

Momen Keselamatan Saya

T anggal : _____
  Tanda tangan : _____

"Jadi siapa yang ada di dalam Kristus, ia adalah ciptaan baru: yang lama sudah berlalu, sesungguhnya yang baru sudah datang!"
— 2 Korintus 5:17

Sertifikat Hidup Baru di dalam Kristus

Deklarasi Keselamatan – Lahir Kembali oleh Kasih Karunia

Ini menyatakan bahwa

_____

(NAMA LENGKAP)

telah menyatakan **iman kepada Yesus Kristus** sebagai Tuhan dan Juru Selamat dan telah menerima anugerah keselamatan cuma-cuma melalui kematian dan kebangkitan-Nya.

"Jika kamu mengaku dengan terus terang, bahwa Yesus adalah Tuhan, dan percaya dalam hatimu, bahwa Allah telah membangkitkan Dia dari antara orang mati, maka kamu akan diselamatkan."

— Roma 10:9 (TB)

Pada hari ini, surga bersukacita dan perjalanan baru dimulai.

Tanggal Keputusan : _____

Tanda tangan : _____

Deklarasi Keselamatan

HARI INI, AKU MENYERAHKAN hidupku kepada Yesus Kristus.

Aku percaya Dia mati untuk dosa-dosaku dan bangkit kembali. Aku menerima Dia sebagai Tuhan dan Juruselamatku. Aku diampuni, dilahirkan kembali, dan diperbarui. Mulai saat ini dan seterusnya, aku akan mengikuti jejak langkah-Nya.

Selamat datang di Keluarga Tuhan!

NAMAMU TERTULIS DI Kitab Kehidupan Anak Domba. Kisahmu baru saja dimulai — dan abadi.

BERHUBUNG DENGAN GOD'S EAGLE MINISTRIES

- Situs web: www.otakada.org[1]
- Seri Kekayaan Melampaui Kekhawatiran: www.wealthbeyondworryseries.com[2]
- Surel: ambassador@otakada.org

- **Dukung pekerjaan ini:**

Mendukung proyek kerajaan, misi, dan sumber daya global gratis melalui pemberian yang dipimpin oleh perjanjian.
Pindai Kode QR untuk Memberi
https://tithe.ly/give?c=308311
Kemurahan hati Anda membantu kami menjangkau lebih banyak jiwa, menerjemahkan sumber daya, mendukung para misionaris, dan membangun sistem pemuridan di seluruh dunia. Terima kasih!

---

1. https://www.otakada.org
2. https://www.wealthbeyondworryseries.com

3. BERGABUNGLAH DENGAN Komunitas Perjanjian WhatsApp Kami

Dapatkan pembaruan, konten renungan, dan terhubung dengan orang-orang percaya yang berpikiran perjanjian di seluruh dunia.

Pindai untuk Bergabung

https://chat.whatsapp.com/H67spSun32DDTma8TLh0ov

BUKU & SUMBER DAYA YANG DIREKOMENDASIKAN

- *Dibebaskan dari Kuasa Kegelapan* (**Paperback**) — Beli di Sini [1]| Ebook [2] di Amazon[3]

- Ulasan Teratas dari Amerika Serikat:
    - **Pelanggan Kindle** : "Bacaan Kristen terbaik yang pernah ada!" (5 bintang)

---

1. https://shop.ingramspark.com/b/084?params=oeYbAkVTC5ao8PfdVdzwko7wi6IQimgJY2779NaqG4e
2. https://www.amazon.com/Delivered-Power-Darkness-AFRICAN-DELIVERED-ebook/dp/B0CC5MM4MV
3. https://www.amazon.com/Delivered-Power-Darkness-AFRICAN-DELIVERED-ebook/dp/B0CC5MM4MV

PUJI TUHAN YESUS ATAS kesaksian ini. Saya sungguh diberkati dan ingin merekomendasikan semua orang untuk membaca buku ini... Karena upah dosa adalah maut, tetapi karunia Allah adalah hidup yang kekal. Shalom! Shalom!

- **Da Gster** : "Ini adalah buku yang sangat menarik dan agak aneh." (5 bintang)

Jika apa yang dikatakan dalam buku itu benar maka kita benar-benar tertinggal jauh dari apa yang mampu dilakukan musuh! ... Suatu keharusan bagi siapa pun yang ingin belajar tentang peperangan rohani.

- **Visa** : "Suka buku ini" (5 bintang)

Ini sungguh membuka mata... sebuah pengakuan yang jujur... Akhir-akhir ini saya mencarinya ke mana-mana untuk membelinya. Senang sekali mendapatkannya dari Amazon.

- **FrankJM** : "Sangat berbeda" (4 bintang)

Buku ini mengingatkan saya betapa nyatanya peperangan rohani itu. Buku ini juga mengingatkan saya akan alasan mengenakan "Seluruh Perlengkapan Senjata Allah".

- **JenJen** : "Siapa pun yang ingin masuk surga, bacalah ini!" (5 bintang)

Buku ini sangat mengubah hidup saya. Dipadukan dengan kesaksian John Ramirez, buku ini akan membuat Anda memandang iman Anda secara berbeda. Saya sudah membacanya 6 kali!

- *Mantan Pemuja Setan: Pertukaran James* (Sampul Lunak) — Beli di Sini [4] | E-book [5] di Amazon [6]

---

4. https://shop.ingramspark.com/b/
   084?params=I2HNGtbqJRbal8OxU3RMTApQsLLxcUCTC8zUdzDy0W1
5. https://www.amazon.com/JAMESES-Exchange-Testimony-High-Ranking-Encounters-ebook/dp/
   B0DJP14JLH
6. https://www.amazon.com/JAMESES-Exchange-Testimony-High-Ranking-Encounters-ebook/dp/
   B0DJP14JLH

- ***KESAKSIAN SEORANG MANTAN SETANIS** Afrika - Pendeta JONAS LUKUNTU MPALA* (Sampul Lunak) — Beli di Sini [7]| Ebook [8]di Amazon[9]

- *Greater Exploits 14* (Sampul Lunak) — Beli di Sini [10]| Ebook [11]di Amazon[12]

---

7. https://shop.ingramspark.com/b/
   084?params=0Aj9Sze4cYoLM5OqWrD20kgknXQQqO5AZYXcWtoMqWN
8. https://www.amazon.com/TESTIMONY-African-EX-SATANIST-Pastor-Jonas-ebook/dp/
   B0DJDLFKNR
9. https://www.amazon.com/TESTIMONY-African-EX-SATANIST-Pastor-Jonas-ebook/dp/
   B0DJDLFKNR
10. https://shop.ingramspark.com/b/084?params=772LXinQn9nCWcgq572PDsqPjkTJmpgSqrp88b0qzKb
11. https://www.amazon.com/Greater-Exploits-MYSTERIOUS-Strategies-Countermeasures-ebook/dp/
    B0CGHYPZ8V
12. https://www.amazon.com/Greater-Exploits-MYSTERIOUS-Strategies-Countermeasures-ebook/dp/
    B0CGHYPZ8V

- *Keluar dari Kuali Iblis* oleh John Ramirez — Tersedia di Amazon[13]
- *Dia Datang untuk Membebaskan Para Tawanan* oleh Rebecca Brown — Temukan di Amazon[14]

Buku lain yang diterbitkan oleh penulis – Lebih dari 500 judul
Dicintai, Dipilih dan Utuh : Perjalanan 30 Hari dari Penolakan hingga **Pemulihan** diterjemahkan ke dalam 40 bahasa di dunia
https://www.amazon.com/Loved-Chosen-Whole-Rejection-Restoration-ebook/dp/B0F9VSD8WL
https://shop.ingramspark.com/b/084?params=xga0WR16muFUwCoeMUBHQ6HwYjddLGpugQHb3DVa5hE

---

13. https://www.amazon.com/Out-Devils-Cauldron-John-Ramirez/dp/0985604306

14. https://www.amazon.com/He-Came-Set-Captives-Free/dp/0883683239

Mengikuti Jejaknya — Tantangan WWJD 40 Hari: Hidup Seperti Yesus dalam Kisah Nyata di Seluruh Dunia

https://www.amazon.com/His-Steps-Challenge-Real-Life-Stories-ebook/dp/B0FCYTL5MG

https://shop.ingramspark.com/b/084?params=DuNTWS59IbkvSKtGFbCbEFdv3Zg0FaITUEvlK49yLzB

YESUS DI PINTU:
40 Kisah Memilukan dan Peringatan Terakhir Surga untuk Gereja-gereja
MASA KINI

https://www.amazon.com/dp/B0FDX31L9F

https://shop.ingramspark.com/b/084?params=TpdA5j8WPvw83glJ12N1B3nf8LQte2a1lIEy32bHcGg

KEHIDUPAN PERJANJIAN: 40 Hari Berjalan dalam Berkat Ulangan 28

- https://www.amazon.com/dp/B0FFJCLDB5

Kisah dari Orang Nyata, Kepatuhan Nyata, dan Kisah Nyata
https://shop.ingramspark.com/b/
084?params=bH3pzfz1zdCOLpbs7tZYJNYgGcYfU32VMz3J3a4e2Qt

Transformasi dalam lebih dari 20 bahasa

MENGENAL DIA & MENGENAL DIA:
40 Hari Menuju Penyembuhan, Pemahaman, dan Cinta Abadi

HTTPS://WWW.AMAZON.com/MENGENAL-DIA-DIA-Penyembuhan-Pemahaman-ebook/dp/B0FGC4V3D9[15]
   https://shop.ingramspark.com/b/084?params=vC6KCLoI7Nnum24BVmBtSme9i6k59p3oynaZOY4B9Rd

LENGKAP, BUKAN BERSAING:
Perjalanan 40 Hari Menuju Tujuan, Persatuan, dan Kolaborasi

---

15. https://www.amazon.com/KNOWING-HER-HIM-Healing-Understanding-ebook/dp/B0FGC4V3D9

HTTPS://SHOP.INGRAMSPARK.com/b/
084?params=5E4v1tHgeTqOOuEtfTYUzZDzLyXLee30cqYo0Ov9941[16]
https://www.amazon.com/SELESAI-TIDAK-BERSAING-Perjalanan-Kolaborasi-ebook/dp/B0FGGL1XSQ/[17]

---

16. https://shop.ingramspark.com/b/084?params=5E4v1tHgeTqOOuEtfTYUzZDzLyXLee30cqYo0Ov9941
17. https://www.amazon.com/COMPLETE-NOT-COMPETE-Journey-Collaboration-ebook/dp/B0FGGL1XSQ/

KODE KESEHATAN ILAHI - 40 Kunci Harian untuk Mengaktifkan Penyembuhan Melalui Firman Tuhan dan Ciptaan Membuka Kekuatan Penyembuhan dari Tumbuhan, Doa, dan Tindakan Kenabian

https://shop.ingramspark.com/b/084?params=xkZMrYcEHnrJDhe1wuHHYixZDViiArCeJ6PbNMTbTux
https://www.amazon.com/dp/B0FHJT42TK

BUKU-BUKU LAINNYA DAPAT ditemukan di halaman penulis
https://www.amazon.com/stores/Ambassador-Monday-O.-Ogbe/author/B07MSBPFNX

LAMPIRAN (1-6): SUMBER DAYA UNTUK MEMPERTAHANKAN KEBEBASAN & PEMBEBASAN YANG LEBIH DALAM

LAMPIRAN 1: Doa untuk Membedakan Sihir Tersembunyi, Praktik Ilmu Gaib, atau Altar Aneh di Gereja

"*Hai anak manusia, lihatkah engkau apa yang mereka lakukan di dalam kegelapan...?*" — Yehezkiel 8:12

"*Dan janganlah kamu turut serta dalam perbuatan-perbuatan kegelapan yang tidak berbuahkan apa-apa, tetapi sebaliknya kamu harus menyingkapkannya.*" — Efesus 5:11

Doa untuk Kebijaksanaan dan Pemaparan:

Tuhan Yesus, bukalah mataku untuk melihat apa yang Engkau lihat. Biarlah setiap api asing, setiap altar rahasia, setiap operasi okultisme yang tersembunyi di balik mimbar, bangku gereja, atau praktik-praktik lainnya tersingkap. Singkirkanlah tabir-tabir itu. Singkapkanlah penyembahan berhala yang berkedok ibadah, manipulasi yang berkedok nubuat, dan penyimpangan yang berkedok kasih karunia. Bersihkan jemaat lokalku. Jika aku bagian dari persekutuan yang berkompromi, tuntunlah aku ke tempat yang aman. Dirikanlah altar-altar yang murni. Tangan yang bersih. Hati yang suci. Dalam nama Yesus. Amin.

LAMPIRAN 2: Protokol Penolakan dan Pembersihan Media

"*Aku tidak akan menaruh hal yang jahat di depan mataku...*" — Mazmur 101:3

Langkah-Langkah untuk Membersihkan Kehidupan Media Anda:

1. **Audit** semuanya: film, musik, permainan, buku, platform.
2. **Tanyakan:** Apakah ini memuliakan Tuhan? Apakah ini membuka pintu kegelapan (misalnya, horor, hawa nafsu, sihir, kekerasan, atau tema-tema zaman baru)?
3. **Menolak** :

"Aku menolak setiap portal iblis yang dibuka melalui media yang tidak saleh. Aku melepaskan jiwaku dari segala ikatan jiwa dengan selebritas, kreator, karakter, dan alur cerita yang diberdayakan oleh musuh."

1. **Hapus & Hancurkan** : Hapus konten secara fisik dan digital.
2. **Ganti** dengan alternatif yang saleh — penyembahan, ajaran, kesaksian, film yang menyehatkan.

LAMPIRAN 3: Naskah Freemasonry, Kabbalah, Kundalini, Sihir, dan Penolakan Okultisme

"*Jangan terlibat dalam perbuatan-perbuatan kegelapan yang sia-sia...*" — Efesus 5:11

Ucapkan dengan lantang:

Demi Yesus Kristus, saya menolak setiap sumpah, ritual, simbol, dan inisiasi ke dalam perkumpulan rahasia atau ordo okultisme mana pun — baik secara sadar maupun tidak sadar. Saya menolak semua ikatan dengan:

- **Freemasonry** – Semua derajat, simbol, sumpah darah, kutukan, dan penyembahan berhala.
- **Kabbalah** – Mistisisme Yahudi, pembacaan Zohar, doa pohon kehidupan, atau sihir malaikat.
- **Kundalini** – Pembukaan mata ketiga, kebangkitan yoga, api ular, dan penyelarasan cakra.
- **Sihir & Zaman Baru** – Astrologi, tarot, kristal, ritual bulan, perjalanan jiwa, reiki, sihir putih atau hitam.
- **Rosicrucian, Illuminati, Skull & Bones, Sumpah Jesuit, Ordo Druid, Satanisme, Spiritisme, Santeria, Voodoo, Wicca, Thelema, Gnostisisme, Misteri Mesir, Ritus Babilonia.**

Aku membatalkan setiap perjanjian yang dibuat atas namaku. Aku memutuskan semua ikatan dalam garis keturunanku, dalam mimpiku, atau melalui ikatan jiwa. Aku menyerahkan seluruh diriku kepada Tuhan Yesus Kristus — roh, jiwa, dan tubuh. Biarlah setiap gerbang iblis ditutup selamanya oleh darah Anak Domba. Biarlah namaku dibersihkan dari setiap jejak gelap. Amin.

LAMPIRAN 4: Panduan Aktivasi Minyak Urapan

"*Kalau ada di antara kamu yang menderita, baiklah ia berdoa. Kalau ada di antara kamu yang sakit, baiklah ia memanggil para penatua... dan mengurapinya dengan minyak dalam nama Tuhan.*" — Yakobus 5:13–14

Cara Menggunakan Minyak Urapan untuk Pembebasan & Kekuasaan:

- **Dahi** : Memperbarui pikiran.
- **Telinga** : Membedakan suara Tuhan.
- **Perut** : Membersihkan tempat emosi dan jiwa.
- **Kaki** : Berjalan menuju takdir ilahi.
- **Pintu/Jendela** : Menutup gerbang spiritual dan membersihkan rumah.

Deklarasi saat mengurapi:
"Aku menguduskan tempat dan bejana ini dengan minyak Roh Kudus. Tidak ada setan yang boleh masuk ke sini. Biarlah kemuliaan Tuhan bersemayam di tempat ini."

LAMPIRAN 5: Penolakan Mata Ketiga & Penglihatan Supranatural dari Sumber-Sumber Gaib

Ucapkan dengan lantang:

Dalam nama Yesus Kristus, aku menolak setiap pembukaan mata ketigaku — entah melalui trauma, yoga, perjalanan astral, psikedelik, atau manipulasi spiritual. Aku mohon kepada-Mu, Tuhan, untuk menutup semua portal ilegal dan menyegelnya dengan darah Yesus. Aku melepaskan setiap penglihatan, wawasan, atau kemampuan supranatural yang tidak berasal dari Roh Kudus. Biarlah setiap pengamat iblis, proyektor astral, atau entitas yang memantauku dibutakan dan diikat dalam nama Yesus. Aku memilih kemurnian daripada kekuatan, keintiman daripada wawasan. Amin.

LAMPIRAN 6: Sumber Daya Video dengan Kesaksian untuk pertumbuhan rohani

1) mulai dari 1,5 menit - https://www.youtube.com/watch?v=CbFRdraValc

2) https://youtu.be/b6WBHAcwN0k?si=ZUPHzhDVnn1PPIEG
3) https://youtu.be/XvcqdbEIO1M?si=GBlXg-cO-7f09cR[1]
4) https://youtu.be/jSm4r5oEKjE?si=1Z0CPgA33S0Mfvyt
5) https://youtu.be/B2VYQ2-5CQ8?si=9MPNQuA2f2rNtNMH
6) https://youtu.be/MxY2gJzYO-U?si=tr6EMQ6kcKyjkYRs
7) https://youtu.be/ZW0dJAsfJD8?si=Dz0b44I53W_Fz73A
8) https://youtu.be/q6_xMzsj_WA?si=ZTotYKo6Xax9nCWK
9) https://youtu.be/c2ioRBNriG8?si=JDwXwxhe3jZlej1U
10) https://youtu.be/8PqGMMtbAyo?si=UqK_S_hiyJ7rEGz1
11) https://youtu.be/rJXu4RkqvHQ?si=yaRAA_6KIxjm0eOX
12) https://youtu.be/nS_Insp7i_Y?si=ASKLVs6iYdZToLKH
13) https://youtu.be/-EU83j_eXac?si=-jG4StQOw7S0aNaL
14) https://youtu.be/_r4Jyzs2EDk?si=tldAtKOB_3-J_j_C
15) https://youtu.be/KiiUPLaV7xQ?si=I4x7aVmbgbrtXF_S
16) https://youtu.be/68m037cPEu0?si=XpuyyEzGfK1qWYRt
17) https://youtu.be/z4zlp9_aRQg?si=DR3lDYTt632E96a6
18) https://youtube.com/shorts/H_90n-QZU5Q?si=uLPScVXm81DqU6ds

---

1. https://youtu.be/XvcqdbEIO1M?si=GBlXg-c-O-7f09cR

PERINGATAN TERAKHIR: Anda Tidak Dapat Bermain Dengan Ini

Pembebasan bukanlah hiburan. Melainkan perang.
Pengabaian tanpa pertobatan hanyalah kebisingan. Rasa ingin tahu tidak sama dengan panggilan. Ada hal-hal yang tidak bisa Anda pulihkan begitu saja.

Jadi, hitunglah biayanya. Berjalanlah dalam kemurnian. Jagalah gerbangmu.

Karena iblis tidak menghormati kebisingan — hanya otoritas.

www.ingramcontent.com/pod-product-compliance
Lightning Source LLC
Chambersburg PA
CBHW050338010526
44119CB00049B/604